1일 1독해

한국사 ❸

조선 시대편 (상)

KB005725

"하루 15분" 똑똑한 공부 습관

1일 1독해

초판 4쇄	2023년 11월 1일
초판 1쇄	2022년 6월 20일
펴낸곳	메가스터디(주)
펴낸이	손은진
개발 책임	김문주
개발	양수진, 최성아
글	큰곰자리
그림	김지애
디자인	이정숙, 주희연, 이솔이
제작	이성재, 장병미
사진 제공	경상남도, 국립민속박물관, 국립중앙박물관, 문화재청 덕수궁관리소, (사)국가무형문화재 강강술래보존회, (사)국가무형문화재 제33호 광주칠석고싸움놀이보존회, 서울대학교 규장각한국학연구원, 서울 종로구, 어진박물관, 육군사관학교 육군박물관, 연합뉴스, 위키피디아, 토픽이미지스, Getty Images Bank
주소	서울시 서초구 효령로 304(서초동) 국제전자센터 24층
대표전화	1661.5431
홈페이지	http://www.megastudybooks.com
출판사 신고 번호	제 2015-000159호
출간제안/원고투고	writer@megastudy.net

일러두기
· 맞춤법과 띄어쓰기는 국립국어원에서 펴낸 《표준국어대사전》을 기준으로 삼되, 초등학교 교과서의 표기를 참고했습니다.
· 외국의 인명과 지명은 국립국어원에서 펴낸 《외래어 표기법》을 따랐습니다.
· 본 저작물은 공공누리 제1유형에 따라 공공 저작물을 이용하였습니다.

메가스터디BOOKS

'메가스터디북스'는 메가스터디㈜의 출판 전문 브랜드입니다.
유아/초등 학습서, 중고등 수능/내신 참고서는 물론, 지식, 교양, 인문 분야에서 다양한 도서를 출간하고 있습니다.

매일매일 공부 습관을 길러 주는 공부 친구

내 이름은 체키
Checky

· 나이 ·

11세

· 태어난 곳 ·

태양계 시간성

왕크왕귀

· 특징 ·

몸집에 비해, 손과 발이 극도로 작다.
매력포인트는 왕 큰 양쪽 귀와 45도로 뻗은 진한 콧수염.

· 성격 ·

허술해 보이는 외모와 다르게 치밀하고, 자신감이 넘친다.

· 지구별에 오게 된 사연 ·

태양계 시간성에서 Wake-up을 담당하는 자명종으로 태어나 지구별로 오게 됐으나,
신기한 지구 생활 매력에 푹 빠져, 하루 종일 신나는 모험 중이다.

· 새로운 재능 ·

'초집중 탐구력'을 발견하고 마음껏 뽐내고 있다.

하루 15분!

· 특기 ·

롤롤이 타고 탐험하기

체키 전용 롤러보드
→ 롤롤이

· 꿈 ·

메가스터디북스 모든 책의 주인공 되기

1일 1독해

우리 아이 10년 뒤를 바꾸는 독해력!

독해력은 모든 학습의 기초 체력입니다. 초등 시기에 제대로 읽고 이해하는 독해력을 탄탄하게 다져 놓으면, 중학생, 고등학생이 되어 아무리 어려운 지문과 문제를 접하더라도 그 내용을 잘 이해할 수 있고 차근차근 문제를 풀 수 있습니다. 독해력이 뛰어난 아이일수록 여러 교과의 내용을 쉽게 이해할 수 있고, 자신의 생각을 풍부하고 명확하게 표현할 수 있습니다.

왜? 1일 1독해일까?

〈1일 1독해〉 시리즈는 주제에 맞는 이야기가 짧은 지문으로 제시되어 부담 없이 매일 한 장씩 풀기 좋습니다. 독해는 어릴 때 습관을 잡아 주는 것이 가장 중요합니다. 메가스터디북스의 〈1일 1독해〉 시리즈로 몸의 근육을 키우듯 **아이의 학습 근육을 키워 주세요.**

1일 1독해, 엄마들이 선택한 이유가 있습니다!

1 아이가 재미있어서 스스로 보는 책

왜 아이들은 1일 1독해를 "재미있다"고 할까요?
눈높이에 맞는 흥미로운 주제의 지문들을 읽는 즐거움이 있기 때문입니다.
지문을 읽고 바로바로 문제를 풀어 확인하는 단순한 학습 패턴에서 아이는 공부의 재미를 느끼게 됩니다.

2 매일 완독하니까 성공의 경험이 쌓이는 책

하루 15분! 지문 1쪽, 문제 1쪽의 부담 없는 학습량으로 아이는 매일매일 성공적인 학습을 경험합니다.
매일 느끼는 성취감은 꾸준한 학습 습관으로 이어지고, 완독의 경험이 쌓여 아이의 공부 기초 체력이 됩니다.

3 독해 학습과 배경지식 확장이 가능한 책

한국사, 세계사, 사회 등 교과 연계 주제 지문으로 교과 학습 대비가 가능하고,
세계 명작, 고전, 인물까지 인문 교양과 관련된 폭넓은 주제의 지문으로 배경지식을 확장시킬 수 있습니다.
또한 다양한 유형의 문제로 독해력을 키우는 데 효과적입니다.

메가스터디북스 1일 1독해 시리즈

〈1일 1독해〉 시리즈는 독해를 시작하는 예비 초~저학년을 위한 **이야기 시리즈**, 초등학교 전학년이 볼 수 있는 교과 연계 중심의 **교과학습 시리즈**, 배경지식을 확장해 주는 **인문교양 시리즈**로 구성하였습니다.

예비 초~2학년

이야기

과학 이야기 ❶~❻
세계 나라 ❶, ❷
세계 명작
마음 이야기

전 10권

호기심을 키우는 다양한 주제의 이야기로, 아이가 관심 있는 주제부터 시작하여 차근차근 독해력을 길러 줍니다.

초등 교과학습

한국사

❶ 선사 ~ 통일 신라, 발해편
❷ 후삼국 ~ 고려 시대편
❸ 조선 시대편 (상)
❹ 조선 시대편 (하)
❺ 대한 제국 ~ 현대편

전 5권

우리 역사의 주요 사건과 인물을 시대별로 구성하여, 한국사의 흐름을 이해하고 교과 학습에 대비할 수 있습니다.

세계사

❶ 고대편
❷ 중세편
❸ 근대편 (상)
❹ 근대편 (하)
❺ 현대편

전 5권

세계사의 주요 장면들을 독해로 학습하며 우리 아이가 반드시 알아야 할 세계사 지식을 시대별 흐름에 맞춰 익힐 수 있습니다.

초등 사회

❶~❺

전 5권

사회 문화, 지리, 전통문화, 정치, 경제 등의 사회 교과 독해를 통해 교과 학습에 대비할 수 있습니다.

초등 인문교양

세계 고전 50 | 우리 고전 50

세계 고전 50 ❶, ❷
우리 고전 50
❶ 삼국유사 설화
❷ 교과서 고전문학

전 4권

초등학생이 꼭 읽어 두어야 할 세계 고전 50편과 우리 고전 50편을 하이라이트로 미리 접하며 교양을 쌓을 수 있습니다.

세상을 바꾼 인물 100

❶ 문화·예술
❷ 과학·기술
❸ 의료·봉사
❹ 경제·정치

전 4권

교과서에 수록된 인물을 중심으로 초등학생이 꼭 알아야 할 위대한 인물 100명의 이야기를 통해 바른 인성을 기를 수 있습니다.

지문 1쪽 문제 1쪽으로 매일매일 독해력 강화!

선사부터 삼국, 조선,
대한 제국, 현대까지
시대별로 구성되어
역사의 흐름을 파악할 수
있도록 도와줍니다.

조선

이성계의 위화도 회군

"말 머리를 돌려라, 다시 개경으로 돌아간다!"

1388년, 명나라와 싸우기 위해 요동으로 가던 이성계가 위화도*에서 군대를 돌렸어요. 요동을 정벌하라는 우왕과 최영*의 명령을 어기고 반란을 일으킨 것이지요. 이 사건을 '위화도 회군'이라고 해요.

이성계는 고려를 위해 기울어 가는 원나라보다 새롭게 일어선 명나라와 잘 지내야 한다고 생각했어요. 하지만 우왕과 최영은 이성계의 주장을 받아들이지 않고, 명나라와 싸울 것을 명령했던 거예요.

개경으로 돌아간 이성계는 최영의 군대를 물리치고, 우왕을 강화도로 내쫓았어요. 그리고 권력을 잡았어요.

역사 속 인물, 사건, 제도,
문화 등 다양한 글감으로
우리 역사에 대한 호기심을
갖게 하고 지식을 쌓게 합니다.

이때 신진 사대부가 이성계에게 힘을 보탰어요. 신진 사대부는 성리학을 공부하고 과거를 통해 관리가 된 사람들로, 고려를 새롭게 바꾸어 보려고 했어요. 이들은 토지 제도를 바꾸어, 많은 땅을 가지고 있던 권문세족*을 몰아내는 데 앞장섰어요.

조선을 세운 이성계

지문과 관련된
연표를 제공하여
역사의 흐름 속에서
이야기를 이해할 수
있도록 도와줍니다.

1380년	1388년	1392년
이성계가 황산에서 왜구를 물리침.	위화도 회군	이성계가 조선을 세움.

읽은 것 확인하기

읽은 날짜 :   월   일

1 위화도 회군에 대한 설명이 맞도록 빈칸에 알맞은 말을 쓰세요.

_____으로 가던 이성계가 _____에서

군대를 돌려 반란을 일으킨 사건이에요.

2 누구의 생각인지 알맞은 사람을 찾아 줄로 이으세요.

명나라와 잘 지내야 한다.   •   •   우왕과 최영

명나라와 싸워야 한다.   •   •   이성계

3 이성계를 도와 고려를 새롭게 바꾸려고 한 사람들이 누구인지 쓰세요.

☐ ☐ ☐ ☐ ☐

4 신진 사대부에 대한 설명으로 맞는 것을 모두 고르세요.

① 성리학을 공부하고 과거를 통해 관리가 되었어요.
② 고려를 새롭게 바꾸어 보려고 했어요.
③ 최영을 도와 이성계를 몰아냈어요.
④ 토지 제도를 바꾸어 권문세족을 몰아내는 데 앞장섰어요.

역사 용어

위화도 압록강 하구에 있는 섬으로, 요동으로 가는 길목임.
최영 고려의 장군으로, 고려를 끝까지 지키고자 했지만 이성계에게 목숨을 잃음.
권문세족 고려 후기에 벼슬이 높고 권력이 있던 집안.

1일 1독해 차례

조선

이성계의 위화도 회군

"말 머리를 돌려라, 다시 개경으로 돌아간다!"

1388년, 명나라와 싸우기 위해 요동으로 가던 이성계가 위화도[*]에서 군대를 돌렸어요. 요동을 정벌하라는 우왕과 최영[*]의 명령을 어기고 반란을 일으킨 것이지요. 이 사건을 '위화도 회군'이라고 해요.

이성계는 고려를 위해 기울어 가는 원나라보다 새롭게 일어선 명나라와 잘 지내야 한다고 생각했어요. 하지만 우왕과 최영은 이성계의 주장을 받아들이지 않고, 명나라와 싸울 것을 명령했던 거예요.

개경으로 돌아간 이성계는 최영의 군대를 물리치고, 우왕을 강화도로 내쫓았어요. 그리고 권력을 잡았어요.

이때 신진 사대부가 이성계에게 힘을 보탰어요. 신진 사대부는 성리학을 공부하고 과거를 통해 관리가 된 사람들로, 고려를 새롭게 바꾸어 보려고 했어요. 이들은 토지 제도를 바꾸어, 많은 땅을 가지고 있던 권문세족[*]을 몰아내는 데 앞장섰어요.

조선을 세운 이성계

1380년	1388년	1392년
이성계가 황산에서 왜구를 물리침.	위화도 회군	이성계가 조선을 세움.

읽은 것 확인하기

1　위화도 회군에 대한 설명이 맞도록 빈칸에 알맞은 말을 쓰세요.

> _____으로 가던 이성계가 _____에서
>
> 군대를 돌려 반란을 일으킨 사건이에요.

2　누구의 생각인지 알맞은 사람을 찾아 줄로 이으세요.

명나라와 잘 지내야 한다.　　・　　　　　　　・　우왕과 최영

명나라와 싸워야 한다.　　・　　　　　　　・　이성계

3　이성계를 도와 고려를 새롭게 바꾸려고 한 사람들이 누구인지 쓰세요.

4　신진 사대부에 대한 설명으로 맞는 것을 모두 고르세요.

① 성리학을 공부하고 과거를 통해 관리가 되었어요.
② 고려를 새롭게 바꾸어 보려고 했어요.
③ 최영을 도와 이성계를 몰아냈어요.
④ 토지 제도를 바꾸어 권문세족을 몰아내는 데 앞장섰어요.

역사용어

위화도 압록강 하구에 있는 섬으로, 요동으로 가는 길목임.
최영 고려의 장군으로, 고려를 끝까지 지키고자 했지만 이성계에게 목숨을 잃음.
권문세족 고려 후기에 벼슬이 높고 권력이 있던 집안.

정몽주의 죽음과 조선의 건국

이성계를 도와 권력을 잡은 신진 사대부는 고려를 새롭게 바꾸어 나갔어요.

이색, 정몽주 등 온건 개혁파는 고려 왕조를 그대로 두고 차근차근 개혁하려고 했어요. 하지만 정도전, 조준 등 급진 개혁파는 고려 왕조를 무너뜨리고, 이성계를 왕으로 세워 새 왕조를 열려고 했지요.

어느 날, 이성계가 말에서 떨어져 다쳤어요. 정몽주는 이때를 기회 삼아 정도전, 남은 등 급진 개혁파를 멀리 귀양* 보냈어요. 그리고 누워 있는 이성계를 살피러 갔지요.

이때 이성계의 아들 이방원*은 정몽주의 마음을 알기 위해 시조 '하여가*'를 읊었어요. 정몽주는 '단심가'로 고려 왕조에 충성하겠다는 자신의 생각을 알렸지요. 정몽주가 새 나라를 세우는 데 방해가 된다고 생각한 이방원은 선죽교에서 정몽주를 죽이고, 그를 따르는 무리를 모두 없앴어요.

그 뒤 급진 개혁파들은 이성계를 왕으로 세우고, 나라 이름을 조선으로 바꾸었어요. 이로써 고려 왕조가 막을 내리고 새 나라가 열렸어요.

고려의 충신 정몽주

1388년	1391년	1392년	1392년
위화도 회군	토지 제도를 개혁함.	정몽주가 선죽교에서 죽임을 당함.	이성계가 조선을 세움.

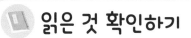
1. 신진 사대부 중 어느 쪽의 주장인지 알맞은 것을 찾아 줄로 이으세요.

> 고려 왕조를 그대로 두고
> 차근차근 개혁해야 한다.   •   •   온건 개혁파

> 고려 왕조를 무너뜨리고
> 새 왕조를 열어야 한다.   •   •   급진 개혁파

2. 정몽주가 단심가를 통해 알리고자 한 생각은 무엇인지 알맞은 것에 ○ 하세요.

> 새로운 나라를
> 세우고자 하는 자신의 생각

> 고려 왕조에 충성하겠다는
> 자신의 생각

3. 글을 읽으면서 알맞은 말에 ○ 하세요.

> 이방원은 (선죽교 / 죽선교)에서 (정도전 / 정몽주)을/를 죽이고,
> 그를 따르는 무리를 모두 없앴어요.

4. 빈칸에 들어갈 말을 〈보기〉에서 찾아 쓰세요.

> 보기
> 이성계 이방원
> 고려 조선

급진 개혁파들은   를 왕으로 세우고,

새로운 나라   을 세웠어요.

역사용어

귀양 죄를 지은 사람을 먼 곳으로 보내, 일정 기간 동안 제한된 곳에서만 살게 한 벌.
이방원 이성계의 아들로, 조선의 제3대 왕인 태종이 됨.
하여가 이방원이 지은 시조로, '이런들 어떠하며 저런들 어떠하리.'로 시작함.
단심가 정몽주가 지은 시조로, '이 몸이 죽고 죽어 일백 번 고쳐 죽어.'로 시작함.

조선의 기틀을 마련한 정도전

고려를 무너뜨린 조선은 모든 것을 새롭게 해야 했어요. 신진 사대부 중의 한 사람이었던 정도전은 태조 이성계를 도와 조선을 다스릴 여러 가지 제도를 만들었어요.

정도전은 유교*를 나라의 기본 정신으로 삼아, 유교의 가르침에 따라 나라를 다스려야 한다고 했어요. 왕은 현명한 신하의 바른 말에 귀를 기울여야 정치를 잘할 수 있고, 신하는 욕심을 버리고 의롭게 행동해야 한다고 했지요.

또, 정도전은 새 도읍 한양*을 건설하는 책임을 맡아 건물의 위치와 이름에도 유교의 가르침을 담았어요.

정도전의 이런 생각은 조선의 기틀을 만드는 데 큰 역할을 했어요. 그리고 그의 생각은 《삼봉집》에 담겨 조선의 선비들에게 영향을 주었지요.

하지만 안타깝게도 정도전은 세자 자리를 빼앗기 위해 반란을 일으킨 이방원에게 목숨을 잃었어요.

정도전의 호를 따온
충청북도 단양의 도담삼봉

1392년
이성계가
조선을 세움.

1394년
한양으로
도읍을 옮김.

1395년
경복궁과
종묘를 완성함.

1398년
정도전이 이방원에게
목숨을 잃음.

1 빈칸에 들어갈 사람의 이름을 찾아 따라 쓰세요.

> _____은 태조 이성계를 도와 조선을 다스릴 제도를 만들었어요.

이 방 원   조 준   정 도 전

2 글을 읽으면서 알맞은 말에 ○ 하세요.

> 정도전은 (불교 / 유교)의 가르침에 따라 나라를 다스려야 한다고 했어요.

3 정도전의 생각이 담겨 조선의 선비들에게 영향을 준 문집의 이름을 쓰세요.

4 정도전에 대한 설명으로 맞으면 ○, 틀리면 ✕ 하세요.

(1) 정도전은 태조 이성계를 도와 여러 가지 제도를 만들었다.　　　(　　　)

(2) 정도전은 불교와 유교를 모두 중요하게 생각했다.　　　(　　　)

(3) 정도전은 한양을 건설할 때 위치와 이름을 마구 정했다.　　　(　　　)

(4) 정도전은 이방원에게 목숨을 잃었다.　　　(　　　)

역사용어

유교 공자의 가르침에서 시작된 도덕 사상으로, 나라에 충성하고 부모에게 효도할 것을 강조함.
한양 '서울'의 옛 이름.

조선의 새로운 도읍을 찾아라!

"새 나라 조선에 맞는 새 도읍을 찾아라!"

조선을 세운 태조 이성계는 새 왕조에 반대하는 사람들이 남아 있는 개경을 떠나 새로운 곳에 도읍을 정하고 싶었어요.

처음 도읍으로 정한 곳은 계룡산이었어요. 그런데 하륜*이 계룡산은 도읍으로 알맞지 않다고 주장했어요.

"한 나라의 도읍은 마땅히 나라의 중심에 있어야 하는데, 계룡산은 남쪽에 치우쳐 있고 산과 물의 조화가 맞지 않습니다."

태조 이성계는 하륜에게 새 도읍을 찾으라고 했어요. 하륜은 여러 곳을 둘러본 뒤 한강 주변에 있는 무악 남쪽이 알맞다고 했어요.

직접 무악을 살펴보러 온 태조 이성계는 무악 남쪽보다는 북악산 아래의 한양이 더 마음에 들었어요. 한양은 나라의 중심에 있고, 한강을 끼고 있어 교통이 편리했어요. 또 주변에 넓은 평야가 있고, 산으로 둘러싸여 적의 공격을 막기에도 좋았지요.

마침내 태조 이성계는 한양을 새 도읍으로 정하고, 1394년 개경에서 한양으로 도읍을 옮겼어요.

김정호가 한양을 그린 〈도성도〉

1392년
이성계가
조선을 세움.

1394년
한양으로
도읍을 옮김.

1395년
경복궁과 종묘를
완성함.

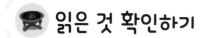

읽은 것 확인하기

태조 이성계가 새로운 도읍을 찾으려는 이유는 무엇이었나요?

① 개경에는 넓은 평야가 없어서
② 개경에는 새 나라 조선을 반대하는 사람들이 남아 있어서
③ 개경은 나라의 남쪽에 치우쳐 있어서

태조 이성계가 새로운 도읍으로 삼으려고 했던 곳을 차례대로 쓰세요.

_____ ➡ _____ ➡ 한양

한양을 조선의 새 도읍으로 정한 이유를 모두 고르세요.

① 한양이 남쪽에 치우쳐 있어서
② 한양 주변에 넓은 평야가 있어서
③ 한강을 끼고 있어 홍수가 자주 나기 때문에
④ 산으로 둘러싸여 적의 공격을 막기에 좋아서

태조 이성계는 어디에서 어디로 도읍을 옮겼는지 빈칸에 쓰세요.

1394년, 태조 이성계는 _____ 에서 _____ 으로
도읍을 옮겼어요.

역사용어

하륜 조선의 문신으로, 경기도 관찰사가 되어 무악 남쪽으로 도읍을 옮길 것을 주장함.

새로운 도읍의 모습을 갖춰 가는 한양

태조 이성계는 한양을 도읍으로 정하고, 정도전에게 새로운 도읍의 건설을 맡겼어요.

정도전은 유교 정신을 담아 건물들의 위치와 이름을 정했어요. 왕이 사는 궁궐을 중심으로 왼쪽에는 종묘, 오른쪽에는 사직을 세웠어요. 종묘는 역대 왕과 왕비에게 제사를 지내는 곳이고, 사직은 땅과 곡식의 신에게 제사를 지내는 곳이에요.

그리고 새로운 궁궐의 이름을 '경복궁'이라고 지었어요. '큰 복을 누리라'라는 뜻이에요. 강녕전*, 사정전*, 근정전* 등 궁궐 안 건물의 이름에도 왕이 학자들과 학문을 탐구하고 올바른 정치를 펼치라는 유교의 가르침이 담겨 있어요.

한양 주변에는 성곽을 쌓고 남쪽에 숭례문, 동쪽에 흥인지문, 서쪽에 돈의문, 북쪽에 숙정문의 사대문을 두었어요. 또 사대문 사이에는 흥화문, 광희문, 소덕문, 창의문의 작은 문을 두었지요.

한양은 점차 새로운 도읍의 모습을 갖추어 나갔어요.

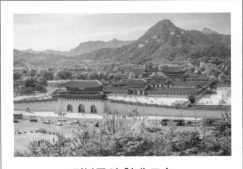

경복궁의 현재 모습

역대 왕과 왕비에게 제사를 드리는 종묘

1394년	1395년	1398년
한양으로 도읍을 옮김.	경복궁과 종묘를 완성함.	정도전이 이방원에게 목숨을 잃음.

1. 글을 읽으면서 빈칸에 들어갈 말로 알맞은 것을 고르세요.

> 정도전은 유교 정신을 담아 건물들의   을 정했어요.

① 모양과 색깔   ② 위치와 이름   ③ 거리와 쓰임   ④ 크기와 높이

2. 무슨 건물에 대한 설명인지 〈보기〉에서 찾아 번호를 쓰세요.

> 보기   ① 종묘   ② 사직

- 궁궐의 오른쪽에 세웠어요.   (   )
- 궁궐의 왼쪽에 세웠어요.   (   )
- 역대 왕과 왕비에게 제사를 지내는 곳이에요.   (   )
- 땅과 곡식의 신에게 제사를 지내는 곳이에요.   (   )

3. '큰 복을 누리라'라는 뜻으로, 정도전이 지은 조선의 궁궐 이름을 쓰세요.

4. 한양의 사대문 이름을 모두 쓰세요.

🚩 **역사용어**

> 강녕전 왕이 쉬고, 잠을 자는 곳.
> 사정전 왕이 신하들과 나랏일을 보는 곳.
> 근정전 왕의 즉위식, 탄신 기념 행사, 과거 시험, 사신 접대 등 큰 의식과 행사가 열리는 곳.

왕의 힘을 키운 태종

조선의 세 번째 왕이 된 태종 이방원은 왕의 힘이 강해야 나라를 잘 다스릴 수 있다고 생각했어요.

이를 위해 태종은 왕족이나 신하들이 반란을 일으키지 못하도록 그들이 따로 거느리던 병사를 없앴어요.

16세 이상의 모든 남자가 호패를 가지고 다니게 하는 '호패법'도 실시했어요. 호패는 이름과 주소, 나이, 신분 등이 쓰여 있는 신분증이었어요. 호패법 덕분에 어른 남자들의 수를 정확하게 세어 세금을 내게 하고, 군대나 공사에 보낼 사람을 빠르게 모을 수 있었어요.

또 전국을 평안도, 함길도, 황해도, 강원도, 경기도, 충청도, 전라도, 경상도의 8개 지역으로 나눈 다음, 다시 여러 군현*으로 나누었어요. 각 도와 군현에는 수령*을 보내 다스리게 했어요. 왕의 힘이 지방에까지 전달되도록 한 것이지요.

이밖에도 태종은 여러 제도를 만들어 왕의 힘을 키웠어요.

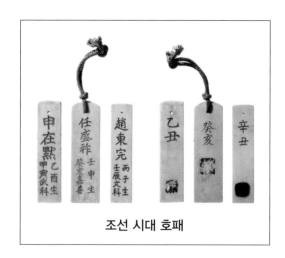

조선 시대 호패

1400년	1413년
태종이 왕위에 오름.	8도를 완성하고 호패법을 실시함.

1 태종이 한 일을 모두 고르세요.

① 왕족이나 신하들이 따로 거느리던 병사를 없앴어요.
② 각 도와 군현에 수령을 보냈어요.
③ 모든 백성이 호패를 가지고 다니도록 했어요.
④ 8개 지역으로 나누어진 전국을 통일했어요.

2 16세 이상의 남자들이 가지고 다녔던 조선의 신분증이 무엇인지 쓰세요.

3 호패에 대한 설명으로 맞으면 ○, 틀리면 × 하세요.

(1) 호패로 어른 남자들의 수를 세었다. (　　　)
(2) 호패로는 이름과 주소, 나이, 신분 등을 알 수 없었다. (　　　)
(3) 호패법으로 군대에 보낼 사람을 빠르게 모을 수 있었다. (　　　)
(4) 어느 집에 아기가 태어났는지 알아볼 때 이용했다. (　　　)

4 태종 때 전국을 나눈 8개 지역의 이름을 모두 쓰세요.

_____

_____

역사 용어

군현 조선 시대 행정 구역인 군과 현을 아울러 이르는 말.
수령 조선 시대 각 고을로 보내졌던 지방 관리. 원님 또는 사또라고도 불림.

조선의 교육 기관

조선은 유교를 중요하게 여겼어요. 조선의 양반들은 유학을 배우고 익혀, 과거에 합격하여 관리가 되려고 했어요.

서당은 오늘날의 초등학교 같은 역할을 하는 곳이었어요. 보통 7~8세에 서당에 입학해서 《천자문》으로 한자를 익히고, 15~16세까지 《명심보감》이나 《사자소학》 등으로 유학을 배웠어요. 서당은 양반뿐 아니라 상민의 자식도 다닐 수 있었지요.

나라에서는 유학을 가르치기 위해 지방에는 향교를, 한양에는 성균관을 세웠어요. 향교는 보통 서당 공부를 마친 15세 이상의 학생이 다녔는데, 학생들은 유교 경전을 배우며 유학자들에게 제사를 지냈어요. 어느 정도 공부한 뒤에는 과거 시험을 보았지요.

성균관은 조선 최고의 교육 기관으로, 오늘날의 대학교와 비슷했어요. 성균관 학생들은 유학을 공부하며 과거에 합격하여, 관리가 되기 위한 교육을 받았어요.

유학을 가르치던 성균관의 명륜당

1392년
이성계가
조선을 세움.

1394년
한양으로
도읍을 옮김.

1398년
한양에
성균관 명륜당이
지어짐.

읽은 것 확인하기

1 조선에 있었던 교육 기관의 이름이 되게 빈칸에 빠진 글자를 쓰세요.

서 ☐ ☐ ☐ 교 성 ☐ ☐

2 서당에 대한 설명으로 맞으면 ◯, 틀리면 × 하세요.

(1) 서당은 양반의 자식만 다닐 수 있었다. ( )
(2) 오늘날의 초등학교와 같은 역할을 하는 곳이었다. ( )
(3) 맨 처음 《명심보감》을 배웠다. ( )
(4) 한자와 유학을 배웠다. ( )

3 빈칸에 들어갈 말을 〈보기〉에서 찾아 쓰세요.

보기

제사
유교

• 향교에서는 ☐☐☐☐☐ 경전을 배우며

유학자들에게 ☐☐☐☐☐ 를 지냈어요.

4 조선 최고의 교육 기관의 이름을 쓰세요.

☐ ☐ ☐

역사 용어

《천자문》 한문을 처음 배우는 사람들을 위한 책으로, 1000개의 한자로 이루어짐.
《명심보감》 아이들을 가르치기 위한 책으로, 중국 고전에 나온 좋은 말이 담겨 있음.
《사자소학》 8세 정도의 아이들에게 유학을 가르치기 위해 만든 책.
상민 보통 백성을 이르는 말로, 대부분 농민이었음.

조선의 과거 제도

조선은 주로 과거 시험을 치러 관리를 뽑았어요. 과거는 3년마다 치르는 것이 원칙이었지만 특별 시험도 자주 있었어요.

과거에는 문관을 뽑는 문과, 무관을 뽑는 무과, 기술관을 뽑는 잡과가 있었어요. 그 가운데 정승이나 판서* 같은 높은 벼슬에 오를 수 있는 문과를 가장 중요하게 여겼어요.

문과는 유학 경전에 관한 지식이 뛰어나고 글을 잘 지으며, 훌륭한 인품을 갖추었는지 보았어요.

무과는 병법*에 관한 지식과 말타기, 활쏘기 등 무술 실력을 보았어요.

잡과는 의학이나 법, 통역, 천문학 같은 기술을 보았어요. 잡과는 양반보다는 주로 중인이 시험을 보았어요. 이들은 합격을 하더라도 낮은 벼슬밖에 할 수 없었지요.

1394년	1398년	1413년
한양으로 도읍을 옮김.	한양에 성균관 명륜당이 지어짐.	8도를 완성하고 호패법을 실시함.

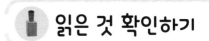 **읽은 것 확인하기**

1. 조선 시대에 관리를 뽑기 위해 치르는 시험이 무엇인지 쓰세요.

2. 문과, 무과, 잡과 중 무엇인지 빈칸에 알맞은 말을 쓰세요.

> 조선 시대 과거에는 문관을 뽑는 _____, 무관을 뽑는
> _____, 기술관을 뽑는 _____ 가 있었어요.

3. 조선의 과거 제도에 대한 설명으로 맞는 것을 모두 고르세요.

① 잡과를 가장 중요하게 생각했어요.
② 무과는 무술 실력만 보았어요.
③ 과거는 3년마다 치르는 것이 원칙이었어요.
④ 문과는 유학 경전에 관한 지식을 보았어요.

4. 과거 중 잡과와 관계있는 것을 모두 찾아 ○ 하세요.

> 중인   정승   기술관   판서   병법

역사 용어

정승 조선 시대 정일품의 으뜸 벼슬.
판서 조선 시대 육조의 으뜸 벼슬.
병법 군사를 지휘하여 전쟁하는 방법.
중인 조선 시대 양반과 상민 사이에 있었던 신분 계급.

조선과 주변 나라와의 관계

조선이 세워질 무렵, 중국에는 명나라가 새롭게 들어섰어요. 조선은 명나라와는 사대 관계를 맺어 평화롭게 지냈어요. 사대는 '큰 나라를 섬긴다'라는 뜻으로, 조선은 명나라에 사신을 보내고 공물을 바쳤어요. 그리고 명나라로부터는 필요한 문물을 받아들였어요.

조선은 일본, 여진과는 교린 관계를 맺었어요. 교린은 '이웃 나라와 사귄다'라는 뜻으로, 친하게 지내면서 때에 따라서는 강하게 대하는 것이지요.

일본과는 왜구*때문에 충돌했어요. 왜구가 배를 타고 바닷가 마을에 자주 쳐들어와 곡식을 빼앗고 백성을 죽였어요. 그래서 세종 때 이종무가 왜구의 소굴인 쓰시마섬에 쳐들어가 다시는 조선에 오지 않겠다는 약속을 받아 냈지요.

북쪽의 여진도 조선의 백성을 죽이고, 재산과 곡식을 빼앗아 갔어요. 세종 때 최윤덕이 압록강 근처의 여진족을 몰아내고 4군을 세웠어요. 김종서는 두만강 근처의 여진족을 몰아내고 6진을 세웠지요. 오늘날과 비슷한 국경이 세종 때 정해지게 된 것이에요.

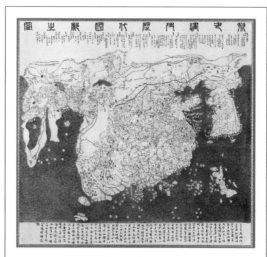

중국을 중심으로 그린
〈혼일강리역대국도지도〉

1416년
4군 설치를
시작함.

1418년
세종이
왕위에 오름.

1419년
쓰시마섬을
정벌함.

1434년
6진 설치를
시작함.

읽은 것 확인하기

1 두 나라가 어떤 관계였는지 알맞은 것을 찾아 줄로 이으세요.

조선과 명나라 •

• 사대

조선과 일본 •

• 교린

조선과 여진 •

2 사대와 교린이 무슨 뜻인지 글에서 찾아 쓰세요.

(1) 사대 : _____

(2) 교린 : _____

3 글을 읽으면서 알맞은 말에 ○ 하세요.

세종 때 (이종무 / 김종서)가 왜구의 소굴인 쓰시마섬에 쳐들어가 다시는 조선에 오지 않겠다는 약속을 받아 냈어요.

4 빈칸에 알맞은 말을 〈보기〉에서 찾아 번호를 쓰세요.

보기   ① 최윤덕   ② 김종서   ③ 6진   ④ 4군

• 세종 때 (   )이 압록강 근처의 여진족을 몰아내고 (   )을 세웠어요.
• (   )는 두만강 근처의 여진족을 몰아내고 (   )을 세웠어요.

역사 용어

왜구 바다에서 활동하던 일본 해적.
김종서 조선의 문신으로, 여진족을 몰아내고 6진을 설치함.

백성을 사랑한 왕, 세종

세종은 22세에 조선의 네 번째 왕이 되었어요. 세종은 어떻게 하면 나라를 잘 다스릴 수 있을지 고민했어요.

"학문이 뛰어난 신하가 많으면 나라를 잘 다스릴 수 있을 것이다."

세종은 학문을 연구하는 집현전*을 만들고, 젊고 뛰어난 학자들을 뽑았어요.

세종은 백성들이 배불리 먹고 살려면 농사가 잘되어야 한다고 생각했어요. 그래서 우리나라에 맞는 농사법을 자세히 정리하여 《농사직설》이라는 책을 펴냈어요.

또 세종은 장영실과 몇몇 학자들에게 측우기, 간의, 혼천의 등의 과학 기구를 만들게 했어요. 이것들은 날씨와 계절을 미리 알게 해 주어 농사짓는 데 큰 도움이 되었지요.

세종은 글자를 모르는 백성들을 위해 훈민정음도 만들었어요.

세종은 평생 백성들이 편하게 잘 사는 나라를 만들기 위해 노력했어요.

세종 대왕 어진

1418년	1420년	1429년	1441년	1443년
세종이 왕위에 오름.	집현전을 확장함.	《농사직설》을 펴냄.	측우기를 만듦.	훈민정음을 창제함.

📖 읽은 것 확인하기

1 세종이 학문을 연구하기 위해 만든 기관이 무엇인지 쓰세요.

2 빈칸에 들어갈 말을 〈보기〉에서 찾아 쓰세요.

보기

농사법

농사직설

　　　　　　에는 우리나라에 맞는

　　　　　　이 자세히 정리되어 있어요.

3 세종 때 만들어진 과학 기구 세 가지의 이름을 쓰세요.

4 세종에 대한 설명으로 맞으면 ○, 틀리면 ✕ 하세요.

(1) 세종은 조선의 네 번째 왕이었다. 　　　　　　　　　　　　(　　　)

(2) 세종은 장사가 잘되어야 백성이 배불리 먹고 산다고 생각했다. 　(　　　)

(3) 세종은 중국에 맞는 농사법을 정리해 《농사직설》을 펴냈다. 　(　　　)

(4) 세종은 백성들이 편하게 잘 사는 나라를 만들려고 노력했다. 　(　　　)

🚩 **역사용어**

집현전 학문 연구 기관으로, 세종 때 문화 발전에 큰 역할을 함.

백성을 가르치는 바른 소리, 훈민정음

훈민정음이 만들어지기 전에는 우리글이 없어 중국의 한자를 빌려 썼어요. 한자는 주로 양반들이 사용하는 문자로, 한자를 배우지 못한 백성들은 자신의 생각을 글로 전하지 못해 매우 불편했어요.

세종은 백성들을 위해 새로운 글자를 만들기로 했어요. 집현전 학자들과 함께 연구한 끝에 '훈민정음'을 완성했지요. 훈민정음은 '백성을 가르치는 바른 소리'라는 뜻이에요.

훈민정음은 28개의 자음과 모음으로 이루어졌어요. 과학적인 원리로 만들어져 누구나 배우기 쉽고, 거의 모든 소리를 적을 수 있어요.

훈민정음이 완성되자 최만리*를 비롯한 많은 신하가 반대했어요.

"전하, 중국과 다른 글자를 쓰는 건 오랑캐가 되는 일이옵니다."

하지만 세종은 신하들의 반대를 무릅쓰고 훈민정음을 반포*했어요. 그리고 훈민정음으로 관리를 뽑는 시험을 치기도 하고, 왕의 명령을 쓰기도 했지요. 점차 백성들이 훈민정음을 사용하게 되었어요.

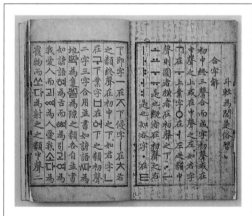

세종이 1446년에 펴낸 《훈민정음》

1418년	1420년	1443년	1446년
세종이 왕위에 오름.	집현전을 확장함.	훈민정음을 창제함.	훈민정음을 반포함.

읽은 것 확인하기

1 글을 읽으면서 알맞은 말에 ○ 하세요.

> 훈민정음이 만들어지기 전에는 우리글이 없어
> 중국의 (한글 / 한자)를 빌려 썼어요.

2 훈민정음이 무슨 뜻인지 빈칸에 알맞은 말을 쓰세요.

을 가르치는 바른   .

3 훈민정음의 장점이 무엇인지 빈칸에 들어갈 말을 〈보기〉에서 찾아 쓰세요.

보기   소리   배우기

• 훈민정음은 누구나 _____ 쉬워요.

• 훈민정음은 거의 모든 _____를 적을 수 있어요.

4 훈민정음에 대한 설명으로 맞는 것을 모두 고르세요.

① 세종이 집현전 학자들과 함께 연구하여 만들었어요.
② 모두 28개의 자음과 모음으로 이루어졌어요.
③ 최만리를 비롯한 신하들이 모두 환영했어요.
④ 사용하는 사람이 적어 점차 사라졌어요.

역사 용어

최만리 조선 세종 때 문신으로, 훈민정음에 반대하는 상소를 올림.
반포 세상에 널리 퍼뜨려 모두 알게 함.

과학 기술이 눈부시게 발전했어요

세종 때는 과학 기술이 크게 발전했어요. 장영실,* 이천, 이순지 등이 혼천의, 간의, 앙부일구, 자격루, 측우기 등 여러 가지 과학 기구를 연구하고 만들었어요.

혼천의와 간의는 해와 달, 별 등 천체의 움직임과 그 위치를 관측하는 기구였어요.

앙부일구는 해의 움직임에 따라 생기는 그림자의 위치를 이용해 시각을 알 수 있는 해시계였어요. 세종은 백성들 누구나 시각을 쉽게 알 수 있도록 종묘 앞과 종로에 커다란 앙부일구를 설치했어요.

자격루는 흐르는 물이 장치를 움직여 정해진 시각에 종과 징, 북이 울리는 자동 물시계였어요.

측우기는 둥근 통에 빗물을 받아 빗물의 양을 재는 기구로, 세계에서 가장 먼저 사용했어요.

세종 때 만들어진 여러 과학 기구들은 날씨와 계절을 미리 알게 해 주어 농사를 짓는 데 큰 도움이 되었어요.

앙부일구

측우기

자격루

1418년	1434년	1441년
세종이 왕위에 오름.	앙부일구와 자격루를 만듦.	측우기를 만듦.

읽은 것 확인하기

세종 때 과학 기구를 연구하고 만든 사람을 모두 찾아 ○ 하세요.

> 김종서   장영실   신숙주   이천   이순지

빈칸에 알맞은 과학 기구의 이름을 〈보기〉에서 찾아 쓰세요.

보기

자격루
앙부일구

• 해시계:

• 자동 물시계:

조선 시대에 빗물의 양을 재던 과학 기구의 이름을 쓰세요.

조선의 과학 기술에 대한 설명으로 맞는 것을 모두 고르세요.

① 세종 때 과학 기술이 크게 발전했어요.
② 중국에서 과학 기구를 가져왔어요.
③ 과학 기구를 너무 많이 만들어 나라 살림이 어려워졌어요.
④ 여러 과학 기구들은 농사를 짓는 데 큰 도움을 주었어요.

◆ 역사용어

장영실 조선 세종 때 과학자로, 노비 신분이었지만 뛰어난 기술로 관리가 되어 여러 과학 기구를
발명함.

왕의 자리를 빼앗은 수양 대군

세종의 뒤를 이어 문종이 왕이 되었어요. 그런데 문종은 건강이 좋지 않아 얼마 뒤 세상을 떠났어요. 문종의 아들인 단종이 왕위에 올랐지만 나이가 어려 황보인과 김종서가 대신 나라를 다스렸어요.

"조선은 왕이 다스리는 나라다! 신하의 힘이 커져서 되겠는가!"

세종의 둘째 아들이자, 단종의 작은아버지였던 수양 대군은 김종서의 힘이 커지는 것이 못마땅했어요.

어느 날, 수양 대군은 부하들을 이끌고 김종서의 집을 쳐들어가 김종서를 죽였어요. 그러고는 궁궐로 가 황보인을 비롯한 신하들을 불러들여 죽였어요. 단종에게는 두 사람이 역모를 꾀해 죽였다며 거짓으로 말했어요. 이 사건이 '계유정난'이에요.

수양 대군이 권력을 차지하자 단종은 어쩔 수 없이 왕의 자리를 수양 대군에게 넘겨주고, 경복궁을 떠났어요. 이렇게 왕이 된 수양 대군이 조선의 제7대 왕 세조예요.

그 뒤 세조는 단종을 영월 청령포로 귀양을 보냈다가 얼마 뒤에 사약을 내렸어요. 그리고 강한 왕의 힘을 보여 주며 나라를 다스려 나갔어요.

단종이 귀양 갔던 강원도 영월군의 청령포

1452년	1453년	1455년
단종이 왕위에 오름.	계유정난	세조가 왕위에 오름.

읽은 것 확인하기

1 왕위에 오른 순서에 맞게 빈칸에 조선의 왕 이름을 쓰세요.

| 세종 | → | | → | | → | 세조 |

2 세종의 둘째 아들이자 단종의 작은아버지가 누구인지 쓰세요.

3 글을 읽으면서 빈칸에 알맞은 사람을 〈보기〉에서 찾아 번호를 쓰세요.

> 보기   ① 수양 대군   ② 단종

- (   )은 김종서와 황보인을 죽이고 권력을 차지했어요.
- (   )은 왕의 자리를 (   )에게 넘겨주고 경복궁을 떠났어요.

4 세조에 대한 설명으로 맞으면 ○, 틀리면 × 하세요.

(1) 세종의 첫째 아들로, 문종이 죽자 왕이 되었다.   (   )
(2) 김종서와 힘을 합쳐 단종을 몰아냈다.   (   )
(3) 계유정난을 일으켜 왕이 되었다.   (   )
(4) 단종을 영월 청령포로 귀양 보냈다.   (   )

역사 용어

역모 왕의 자리를 넘보아 반란을 일으키는 일.

조선 최고의 법전, 《경국대전》

　《경국대전》은 세조 때 만들기 시작하여 성종[*] 때 완성한 조선 최고의 법전이에요. 《경국대전》은 이전, 호전, 예전, 병전, 형전, 공전의 6전으로 되어 있어요.

　토지와 세금에 관한 내용이 담긴 '호전'에는 재산을 물려줄 때에는 아들과 딸에게 똑같이 주어야 한다고 되어 있어요.

　과거 제도와 혼인, 제사에 관한 내용이 담긴 '예전'에는 남자는 15세, 여자는 14세가 되면 혼인할 수 있다고 되어 있지요.

　형벌, 재판, 노비에 관한 내용이 담긴 '형전'에는 사형을 받을 죄인은 3번에 걸쳐 재판을 받아야 한다고 되어 있어요. 또, 여자 노비가 임신을 하면 아기를 낳기 전 30일, 낳은 뒤 50일, 총 80일의 출산 휴가를 주고, 그 남편에게도 아기를 낳은 뒤 15일의 휴가를 주어야 한다는 내용이 있지요.

　이 밖에도 《경국대전》에는 유교를 바탕으로 조선을 다스리는 데 필요한 내용이 담겨 있어요. 《경국대전》을 보면 조선의 정치, 경제, 사회, 문화를 알 수 있지요.

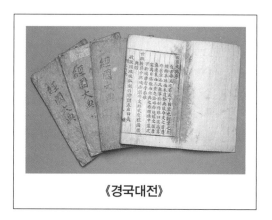

《경국대전》

1455년	1469년	1485년
세조가 왕위에 오름.	성종이 왕위에 오름.	《경국대전》을 완성함.

1 조선 최고의 법전 이름을 쓰세요.

2 《경국대전》 중에서 무슨 법전에 대한 설명인지 알맞은 것을 찾아 줄로 이으세요.

토지와 세금에 관한
내용이 담겨 있어요. ·

· 예전

과거 제도와 혼인, 제사에
관한 내용이 담겨 있어요. ·

· 형전

형벌, 재판, 노비에 관한
내용이 담겨 있어요. ·

· 호전

3 《경국대전》에 있는 내용에 맞게 빈칸에 알맞은 숫자를 쓰세요.

• 남자는 (　　　　　)세, 여자는 (　　　　　)세에 혼인할 수 있다.

• 사형을 받을 죄인은 (　　　　)번 재판을 받아야 한다.

4 《경국대전》에 대한 설명으로 옳지 <u>않은</u> 것을 고르세요.

① 세조 때 만들기 시작해 성종 때 완성했어요.
② 불교를 바탕으로 조선을 다스리는 데 필요한 내용이 담겨 있어요.
③ 6전으로 구성된 조선 최고의 법전이에요.
④ 조선의 정치, 경제, 사회, 문화를 알 수 있어요.

🚩 **역사 용어**

성종 조선의 제9대 왕으로, 여러 제도를 만들어 조선을 안정적으로 다스림.

유교의 예절을 따른 관혼상제

조선에서는 유교의 예절을 지키는 것이 매우 중요했어요. 나라의 행사뿐 아니라 관혼상제도 유교의 예절에 따라 치르도록 했지요.

관례는 15~20세가 되면 어른이 되었음을 알리는 의식으로, 남자가 상투를 올리고 갓을 쓰는 것을 말해요. 여자는 혼인을 할 때나 15세가 되면 땋은 머리를 풀고 쪽을 지어 비녀를 꽂았어요. 이것을 '계례'라고 해요.

혼례는 오늘날의 결혼식과 같은 것으로, 혼인이 결정되면 신랑 집에서 신부 집으로 사주단자*를 보냈어요. 함*을 보내고 식을 치른 뒤 신랑이 신부를 집으로 데려왔지요.

상례는 사람이 죽었을 때 치르는 의식으로, 죽은 사람의 자손들은 상복을 입고 대개 5~6일 동안 장사를 치렀어요. 부모가 돌아가시면 삼년상*을 치렀지요.

제례는 돌아가신 조상을 기리는 의식으로, 부모와 조상이 돌아가신 날과 명절에 정성껏 음식을 준비해 제사상을 차리고 제사를 지냈어요.

혼례

제례

1446년	1469년	1485년
훈민정음을 반포함.	성종이 왕위에 오름.	《경국대전》을 완성함.

1 조선 시대 유교의 예절에 따라 치르도록 한 관례, 혼례, 상례, 제례를 무엇이라고 하는지 쓰세요.

2 관혼상제 중에서 무엇에 대한 설명인지 〈보기〉에서 찾아 번호를 쓰세요.

> 보기　　① 관례　　② 혼례　　③ 상례　　④ 제례

- 남자가 어른이 되었다는 의미로 치르는 의식　　　　　　　(　　　　)
- 사람이 죽었을 때 치르는 의식　　　　　　　(　　　　)
- 돌아가신 조상을 기리는 의식　　　　　　　(　　　　)
- 오늘날의 결혼식과 같은 의식　　　　　　　(　　　　)

3 관례에 대한 설명이 맞도록 빈칸에 알맞은 말을 쓰세요.

> 15~20세가 되면 남자는 　　　　　　　　 를 올리고 갓을 썼어요.

4 글을 읽으면서 알맞은 말에 ○ 하세요.

> 부모님이 돌아가시면 (백일상 / 삼년상)을 치렀어요.

역사 용어

사주단자 신랑 집에서 신부 집으로 신랑의 태어난 년, 월, 일, 시를 적어 보내는 종이.
함 혼례 때 신랑 집에서 혼례에 필요한 물건과 편지를 담아 신부 집에 보내는 나무 상자.
삼년상 부모가 돌아가신 뒤 3년 동안 상복을 입고 슬퍼하는 것.

조선의 신분 제도

조선의 신분은 양반, 중인, 상민, 천민으로 나누어져 있었어요.

양반 남자는 과거에 합격하여 관리가 되는 것이 목표였어요. 관리가 되면 나라에서 땅과 녹봉*을 받았어요. 관직이 없는 양반은 글공부를 하며 대대로 물려받은 땅을 갖고 노비들을 부리며 살았어요.

중인은 양반과 상민의 중간에 있는 신분이에요. 관청에서 낮은 벼슬을 하는 사람, 통역을 하는 역관, 아픈 사람을 치료하는 의관 등 전문 기술이 필요한 일을 하는 사람들이었어요. 중인은 높은 관직에 오르기는 어려웠어요.

상민은 농업, 어업, 수공업, 상업의 일을 하는 사람들로, 대부분 농민이었어요. 상민은 나라에 세금을 내고, 군대에 가야 했어요.

천민은 가장 낮은 신분으로, 대부분 노비예요. 노비는 주인의 재산으로 여겨져 사고팔 수 있었고, 부모 중 한쪽이 노비면 자식은 무조건 노비가 되었어요.

조선의 신분은 태어나면서 정해져 매우 엄격하게 지켜졌어요.

1434년	1469년	1485년
《삼강행실도》를 펴냄.	성종이 왕위에 오름.	《경국대전》을 완성함.

읽은 것 확인하기

1 조선의 신분은 어떻게 나누어져 있는지 쓰세요.

_____ , _____ , _____ , _____

2 어떤 신분에 대한 설명인지 빈칸에 알맞은 말을 〈보기〉에서 찾아 번호를 쓰세요.

보기   ① 양반   ② 중인   ③ 상민   ④ 천민

- (   )은 양반과 상민의 중간에 있는 신분이에요.
- (   )은 나라에 세금을 내고 군대를 갔어요.
- (   )은 가장 낮은 신분으로, 대부분 노비예요.

3 글을 읽으면서 알맞은 말에 ○ 하세요.

노비는 주인의 재산으로 여겨져 사고팔 수 (있었어요 / 없었어요).

4 조선 시대 신분 제도에 대한 설명으로 맞으면 ○, 틀리면 × 하세요.

(1) 태어나면서부터 신분이 정해져 있었다.   (   )
(2) 신분은 매우 엄격하게 지켜졌다.   (   )
(3) 신분에 관계없이 원하는 일을 할 수 있었다.   (   )
(4) 원하는 신분이 될 수 있었다.   (   )

◆ 역사 용어

녹봉 관리에게 주던 쌀, 보리, 명주, 베, 돈 등을 일컫는 말.

조선의 양반은 어떻게 생활했을까요?

조선의 양반은 먹고, 입고, 쓰는 것이 상민과 달랐어요.

상민들은 잡곡밥을 먹었는데, 양반들은 흰 쌀밥을 먹고, 노루 고기나 꿩고기 등도 종종 먹었어요.

상민들은 무명이나 삼베로 만든 저고리, 바지를 입고 짚신을 신었어요. 양반들은 비단옷을 입고 가죽신을 신었는데, 관복을 입을 때는 목이 긴 '화'를 신었어요. 외출할 때는 머리에 '갓'을 썼지요.

양반 여자는 넓고 긴 비단 치마를 입고, 장식이 달린 비녀를 머리에 꽂고 금과 은, 옥이 달린 화려한 노리개를 옷고름에 달았어요.

상민들은 초가집에 살았는데, 양반들은 대개 기와집에 살았어요. 기와집은 남자 주인들이 생활하는 사랑채, 여자들이 생활하는 안채, 노비들이 생활하는 행랑채로 구분되어 있어요.

상민들은 도성* 안에서 말을 타면 말은 빼앗기고 매를 맞았지만, 양반들은 도성 안에서 마음대로 말을 타고 다닐 수 있었어요. 양반 여자들은 가마를 타고 다녔지요.

양반들이 머리에 쓰던 갓

양반 여인들이 사용한 노리개

1469년	1485년	1506년
성종이 왕위에 오름.	《경국대전》을 완성함.	중종이 왕위에 오름.

1 양반의 옷차림에 맞게 〈보기〉에서 알맞은 말을 찾아 쓰세요.

보기

화

갓

· 양반이 관복을 입을 때 신는 신발: ▭

· 양반이 외출할 때 머리에 쓰는 것: ▭

2 양반 여자들에 대한 설명으로 맞는 것을 모두 고르세요.

① 가마를 타고 다녔어요.
② 비단 치마를 입을 수 있었어요.
③ 사랑채에서 주로 지냈어요.

3 양반들이 사는 기와집에서 어디를 가리키는 것인지 찾아 줄로 이으세요.

노비들이 생활하는 곳	·	·	사랑채
남자 주인이 생활하는 곳	·	·	안채
여자들이 생활하는 곳	·	·	행랑채

4 글을 읽으면서 알맞은 말에 ○ 하세요.

(상민 / 양반)은 도성 안에서 말을 탈 수 없었어요.

🚩 역사 용어

도성 한 나라의 도읍을 둘러싼 성곽.

풍년을 바라며 함께 즐긴 민속놀이

조선 시대에는 마을 사람들이 함께 모여 풍년*이 들기를 바라며 민속놀이를 즐겼어요.

줄다리기는 사람들이 두 편으로 나뉘어 굵은 줄을 끌어당기는 놀이로, 놀이를 하기 전 집집마다 볏짚을 거두어 새끼줄을 만들었어요. 줄다리기는 정월*에 했으며 이긴 쪽에 풍년이 든다고 했어요.

다리밟기는 정월 대보름* 밤, 일 년 열두 달 나쁜 기운을 물리칠 수 있다고 믿어 12개의 다리를 밟는 놀이예요. 마을 사람들이 모두 다리 위로 나와 보름달을 보며 다리밟기를 즐겼어요.

고싸움놀이도 정월 대보름 무렵 남자들이 하던 놀이예요. 둥근 모양의 고를 만들고 서로 맞부딪쳐 상대편 고를 먼저 땅에 닿게 하면 이겨요. 이기는 쪽에 풍년이 든다고 믿었지요.

강강술래는 추석 때 전라도 지방에서 여성들이 하던 놀이로, 여러 사람이 손을 잡고 둥글게 돌면서 춤을 추고 노래를 불러요.

고싸움놀이

강강술래

1469년	1485년	1506년
성종이 왕위에 오름.	《경국대전》을 완성함.	중종이 왕위에 오름.

1 사람들이 두 편으로 나뉘어 굵은 줄을 끌어당기는 놀이의 이름을 쓰세요.

2 무슨 놀이에 대한 설명인지 번호에 알맞은 놀이 이름을 쓰세요.

> (1) 둥근 모양의 고를 서로 맞부딪쳐 상대편 고를 먼저 땅에 닿게 하는 놀이
> (2) 나쁜 기운을 물리치기 위해 보름달을 보며 다리를 밟는 놀이

(1) [　　　　　　　]　　　　(2) [　　　　　　　]

3 강강술래에 대한 설명이 맞도록 빈칸에 알맞은 말을 쓰세요.

강강술래는 _____ 때 _____ 지방에서

여성들이 하던 놀이예요.

4 조선 시대 민속놀이에 대한 설명으로 맞으면 ○, 틀리면 × 하세요.

(1) 민속놀이는 주로 양반들이 즐기던 놀이였다.　　　　　　　　(　)
(2) 풍년이 들기를 바라며 놀이를 즐겼다.　　　　　　　　　　　(　)
(3) 마을 사람들이 함께 모여 놀이를 즐겼다.　　　　　　　　　(　)
(4) 민속놀이에서 진 마을 사람들끼리 자주 싸웠다.　　　　　　　(　)

🚩 역사용어

풍년 곡식이 잘 자라 수확이 큰 해.
정월 음력 1월을 말함.
대보름 음력 1월 15일로 부럼깨기, 더위팔기 등을 함.

조광조와 기묘사화

나랏일은 돌보지 않고 흥청망청 놀기만 한 연산군이 쫓겨나고 중종이 왕위에 올랐어요. 중종은 나라를 바로 세우기 위해 조광조를 앞세웠어요.

조광조는 나랏일을 새롭게 해 나가면서 가짜 공신*의 땅을 빼앗아야 한다고 주장했어요. 이 일로 높은 관직에 있는 가짜 공신들의 미움을 받게 되었지요.

어느 날, 중종의 후궁인 희빈 홍씨가 '주초위왕(走肖爲王)'이라는 글자 모양으로 벌레가 갉아 먹은 나뭇잎을 주웠다며 중종에게 바쳤어요.

"전하, '주(走)'와 '초(肖)'를 합하면 '조(趙)'가 되옵니다. 이것은 소문대로 조씨 성을 가진 사람이 왕이 된다는 뜻이 아닌지요?"

이 일은 조광조를 못마땅하게 여기던 공신 홍경주와 희빈 홍씨가 짜고서, 나뭇잎에 꿀로 글자를 쓰고 벌레들이 갉아 먹게 한 것이었지요.

이 나뭇잎을 본 중종은 크게 화를 내었어요. 결국 반역죄로 조광조를 유배* 보냈다가 사약을 내렸어요. 그리고 그와 함께하던 많은 선비들에게도 벌을 내렸어요. 이 일을 '기묘사화*'라고 해요.

44

읽은 것 확인하기

1 글을 읽으면서 알맞은 말에 ○ 하세요.

> 나랏일을 돌보지 않은 (연산군 / 대장군)이 쫓겨나고
> (태종 / 중종)이 왕위에 올랐어요.

2 중종 때 가짜 공신들의 땅을 빼앗아야 한다고 주장한 사람의 이름을 쓰세요.

3 기묘사화가 일어난 과정을 차례에 맞게 번호를 쓰세요.

| 조광조가 반역죄로 유배를 갔다가 사약을 받았다. | 조광조가 가짜 공신들의 미움을 받았다. | '주초위왕' 글자 모양으로 벌레가 갉아 먹은 나뭇잎이 발견되었다. | 조광조가 가짜 공신들의 땅을 빼앗아야 한다고 주장했다. |

4 무슨 사건에 대한 설명인지 빈칸에 알맞은 말을 쓰세요.

> 중종 때 가짜 공신들의 땅을 빼앗자고 주장한 조광조를 비롯한 수많은
> 선비들이 목숨을 잃거나 벌을 받은 _____ 가 일어났어요.

역사용어

공신 나라를 위해 공을 세운 신하를 일컫는 말.
반역죄 임금을 바꾸려고 음모를 꾸민 죄.
유배 죄인을 귀양 보내던 일.
사화 조선 시대에 신하와 선비들이 정치적으로 반대하는 사람들에게 큰 화를 입던 일로 무오사화,
갑자사화, 기묘사화, 을사사화가 있었음.

임진왜란이 일어났어요

1592년 4월, 부산 앞바다에 일본군이 쳐들어왔어요. 임진왜란이 일어난 거예요. 일본군은 이틀 만에 부산진성과 동래성을 무너뜨렸어요.

뒤늦게 일본군의 침략을 안 조선 조정*은 신립 장군에게 일본군을 막을 것을 명령했어요. 하지만 신립은 충주 탄금대에서 조총*으로 무장한 일본군에게 힘없이 지고 말았어요.

신립 장군이 졌다는 소식을 들은 선조는 궁궐을 버리고 급히 북쪽의 평양으로 피란*을 떠났어요.

"세상에, 임금이 백성을 버리고 도망치면 우리는 죽으란 말인가!"

분노한 백성들은 궁궐과 관리들의 집에 들어가 닥치는 대로 물건을 훔치고, 불을 질렀어요. 일본군은 20일 만에 텅 빈 한양을 손쉽게 차지한 뒤 계속 위로 밀고 올라갔어요.

선조는 또다시 의주로 피란을 떠났어요. 그리고 급히 명나라에 군대를 보내 줄 것을 요청했어요. 조선의 운명은 바람 앞에 등불처럼 위태로웠지요.

동래성 전투를 그린 〈동래부순절도〉

1592년 4월	1592년 4월	1592년 5월	1592년 6월
임진왜란이 일어남.	선조가 평양으로 피란을 떠남.	한양이 함락됨.	선조가 의주로 피란을 떠남.

읽은 것 확인하기

1 1592년 4월, 일본이 조선에 쳐들어오면서 시작된 전쟁이 무엇인지 쓰세요.

2 빈칸에 들어갈 지역을 〈보기〉에서 찾아 번호를 쓰세요.

> 보기 ① 평양   ② 부산   ③ 충주

- 일본군은 처음 (   ) 앞바다에 쳐들어왔어요.
- 신립 장군은 (   ) 탄금대에서 일본군과 싸웠어요.
- 선조는 신립 장군이 졌다는 소식을 듣고 (   )으로 피란을 떠났어요.

3 임진왜란에 대한 설명으로 맞는 것을 모두 고르세요.

① 일본군은 부산진성과 동래성을 무너뜨렸어요.
② 조선의 신립 장군은 탄금대에서 일본군을 무찔렀어요.
③ 일본군은 조총이라는 무기로 조선군을 공격했어요.
④ 왕이 궁궐을 떠나자 분노한 백성들은 궁궐에 불을 지르고 물건을 훔쳤어요.

4 글을 읽으면서 알맞은 말에 ○ 하세요.

> 선조는 (명나라 / 청나라)에 군대를 보내 줄 것을 요청했어요.

역사 용어

조정 임금이 신하들과 나라의 정치를 의논하거나 집행하는 곳.
조총 유럽에서 만들어진 총으로, 일본군이 임진왜란 때 사용함.
피란 난리를 피해 옮겨 가는 것.

이순신과 한산도 대첩

전라좌도 수군절도사[*]가 된 이순신은 임진왜란이 일어나기 일 년 전부터 전쟁에 대비했어요. 군사를 훈련시키고, 무기와 군사들이 먹을 식량을 준비했지요. 또 거북선을 만들었어요.

임진왜란이 일어나자 이순신은 함대를 이끌고 가 옥포 앞바다에서 첫 승리를 거두었어요. 그 뒤 사천, 당포에서도 승리했어요.

어느 날 이순신은 일본 수군이 견내량[*]에 머물고 있다는 소식을 들었어요. 견내량은 물길이 좁고 작은 섬들이 많아 조선의 판옥선이 움직이기 어려웠어요. 이순신은 넓은 한산도 앞바다에 판옥선을 숨겨 놓고, 적을 꾀어낼 5척을 견내량으로 보냈어요. 판옥선을 발견한 일본 수군은 속는 줄도 모르고 한산도 앞바다까지 쫓아왔어요. 그때 이순신이 외쳤어요.

"학익진이다! 적군의 배를 에워싸라!"

그러자 조선의 배들이 마치 학이 날개를 펼친 듯 일본 배를 둘러싸고서 공격했어요. 일본의 배는 대부분 격침되어, 일본 수군 중에 살아 돌아간 자가 거의 없었어요. 이 전투가 바로 '한산도 대첩'이에요. 이 전투에서 진 일본은 바닷길을 통해 북쪽의 군사들에게 무기와 식량을 보내려던 계획이 무너져 버렸어요.

경상남도 통영 한산도 이충무공 유적에 세워진 한산도 대첩비

1592년 4월	1592년 5월	1592년 6월	1592년 7월
임진왜란이 일어남.	옥포 해전	당포 해전	한산도 대첩

🛶 읽은 것 확인하기

1 전라좌도 수군절도사가 되어 임진왜란 전부터 전쟁에 대비한 장군의 이름을 쓰세요.

2 임진왜란 때 이순신이 승리한 지역을 모두 찾아 ○ 하고, 첫 승리를 거둔 지역을 쓰세요.

당포	사천	평양	한산도	옥포	의주

● 이순신은 [　　　　　　　　] 앞바다에서 일본에 첫 승리를 거두었어요.

3 학익진에 대한 설명이 맞도록 빈칸에 알맞은 말을 쓰세요.

학익진은 마치 ＿＿＿＿＿＿＿이 ＿＿＿＿＿＿＿를 펼친 듯

적을 둘러싼 뒤 공격하는 방법이에요.

4 한산도 대첩의 승리로 어떤 일이 일어났는지 알맞은 것에 ○ 하세요.

일본군이 더욱 무섭게
조선을 공격했어요.

북쪽의 군사들에게 무기와 식량을
보내려던 일본의 계획이 무너졌어요.

🚩 역사용어

수군절도사 조선 시대 각 도의 수군을 총지휘하던 사령관.
견내량 경상남도 거제시의 서쪽에 있는 좁은 해협.

조선 최고의 군함, 거북선

　조선 수군의 판옥선은 배의 네 모서리에 기둥을 세우고 지붕을 덮어 갑판*을 2층으로 높게 만든 배였어요. 판옥선은 튼튼해서 배에서 화포를 쏘아도 흔들리지 않았어요. 하지만 일본 배에 비해 속도가 느렸어요. 판옥선의 단점을 보완해서 만든 배가 거북선이에요.

　거북선은 판옥선에 거북 등 모양의 철판을 덮어씌워 만들었어요. 철판에는 창검이나 송곳을 박아 놓아 적이 기어오를 수 없게 했어요. 또 뱃머리에는 용머리를 달아 입에서 화포를 발사했어요. 아래쪽에는 도깨비 얼굴을 달아 적의 기세를 꺾고, 물길을 갈라 배가 앞으로 나가는 데 도움이 되게 했지요. 그리고 노 하나에 5명 정도가 짝을 이루어, 한 명이 구령을 부르면 구령에 맞추어 노를 저었어요.

　거북선은 적의 배를 만나면 빠르게 달려가 들이받아서 침몰시켰어요. 거북선은 조선 최고의 군함*이었어요.

1592년 7월	1597년 9월
한산도 대첩	명량 대첩

1 각 번호의 설명에 맞는 조선 수군의 배 이름을 쓰세요.

> (1) 배의 네 모서리에 기둥을 세우고 지붕을 덮어 갑판을 높게 만든 배
> (2) 창검이나 송곳을 박아 놓은 거북 등 모양의 철판을 덮어씌워 만든 배

(1) _____   (2) _____

2 거북선에 대한 설명으로 맞는 것을 모두 고르세요.

① 거북 등 모양의 철판을 덮었어요.
② 뱃머리에는 용머리를 달아 입에서 화포를 발사했어요.
③ 판옥선보다 속도가 느렸어요.
④ 뱃머리 아래쪽에는 도깨비 얼굴을 달아 우스꽝스럽게 만들었어요.

3 거북선의 각 부분이 어떤 역할을 하는지 알맞은 것을 찾아 줄로 이으세요.

창검이나 송곳이 박힌 덮개　•　　•　적의 기세를 꺾고 물길을 갈라요.

뱃머리 아래쪽의 도깨비 얼굴　•　　•　적이 배에 기어오를 수 없게 해요.

4 거북선이 적의 배를 어떻게 침몰시켰는지 알맞은 것에 ○ 하세요.

> 천천히 빙글빙글 돌며 적의
> 배를 정신없게 해 침몰시켜요.

> 빠르게 달려가 적의 배를
> 들이받아서 침몰시켜요.

🚩 **역사 용어**

갑판 큰 배 위에 나무와 철판으로 덮인 넓고 평평한 바닥.
군함 전투에 쓰이는 배.

홍의 장군 곽재우

임진왜란이 일어날 무렵, 선비 곽재우는 고향인 경상도 의령에 머무르고 있었어요. 고향에서 일본군이 조선에 쳐들어왔다는 소식을 전해 들은 곽재우는 일본군과 맞서기로 했어요.

"의병*을 일으켜 싸우려 하니 조선의 백성이라면 나를 따르라!"

곽재우가 외치자 수많은 농민과 노비가 그를 따랐어요. 의병의 수는 점점 늘어나 2,000명이나 되었어요. 곽재우가 이끄는 의병들은 주로 좁은 골짜기나 일본군이 지나가는 길목에 숨어 있다가 갑자기 나타나 일본군을 공격했어요.

또 일본군이 표시해 놓은 푯말을 몰래 늪지대로 옮겨 일본군을 혼란스럽게 한 다음 공격하기도 했어요.

곽재우가 이끄는 의병 부대는 진주성을 지키는 김시민* 장군과 힘을 합쳐 일본군을 크게 무찌르기도 했어요.

사람들은 붉은 옷을 입고 싸우는 그를 '홍의 장군'이라고 불렀어요. 곽재우의 활약으로 일본군은 붉은 옷만 봐도 벌벌 떨었다고 해요. 의병은 조선을 지키는 데 큰 힘이 되었어요.

1592년 4월	1592년 10월	1593년 2월
곽재우가 의병을 일으킴.	진주 대첩	행주 대첩

1 임진왜란 때 경상도 의령에서 의병을 일으킨 선비의 이름을 쓰세요.

2 곽재우가 이끄는 의병 부대에 대한 설명으로 맞는 것을 모두 고르세요.

① 수많은 농민과 노비들로 이루어져 있어요.
② 의병의 수는 점점 늘어나 2,000명이나 되었어요.
③ 일본군과 싸워 매번 힘없이 졌어요.
④ 일본군이 지나가는 길목에 숨어 있다가 갑자기 나타나 공격했어요.

3 글을 읽으면서 알맞은 말에 ○ 하세요.

> 곽재우가 이끄는 의병 부대는 (동래성 / 진주성)을 지키는
> (송상현 / 김시민) 장군과 힘을 합쳐 일본군을 크게 무찔렀어요.

4 곽재우에 대한 설명이 맞도록 빈칸에 알맞은 말을 쓰세요.

> 곽재우는 붉은 옷을 입고 싸워서 　　　　　　　　이라고 불렸어요.

🏷️ 역사 용어

의병 적의 침입을 물리치기 위해 백성 스스로 만든 군대. 또는 그 군대의 병사를 가리키는 말.
김시민 조선의 무신으로, 진주성에서 큰 승리를 거두어 진주성을 지켜 냄.

행주 대첩과 권율 장군

　행주산성은 한양의 서북쪽에 있는 성이에요. 한양으로 가는 길목에 한강을 끼고 있어 적과 싸우기에 좋았지요. 전라도 순찰사* 권율*은 행주산성에서 일본군과 싸워 한양을 되찾아야겠다고 생각했어요. 그래서 권율 장군은 이곳에서 흙을 쌓고, 통나무를 둘러 무너진 성벽을 세우며 일본군과 싸울 준비를 했어요.

　1593년 2월 12일, 일본군 3만 명이 행주산성을 공격해 왔어요. 권율 장군의 지휘 아래 군사들은 일본군에게 화살과 화포를 쏘아 댔어요. 백성들은 성벽을 기어오르는 일본군에게 뜨거운 물을 퍼붓고, 재를 뿌려 눈을 뜨지 못하게 했어요. 여자들은 일본군에게 던질 돌을 치마에 담아 날랐어요. 여기에서 '행주치마'라는 이름이 생겨났다고 해요.

　일본군은 물러갔다 다시 공격해 오기를 되풀이했어요. 그사이 수많은 일본군이 죽거나 다쳤어요. 결국 일본군은 무릎을 꿇었지요.

　행주산성에서의 승리는 군사들과 백성들이 힘을 합쳐 싸워 이룬 값진 승리였어요.

행주 대첩의 모습을 그린 〈행주 대첩도〉

1592년 7월	1592년 10월	1593년 2월
한산도 대첩	진주 대첩	행주 대첩

읽은 것 확인하기

1 한양 서북쪽에 있으며 한강을 끼고 있는 성의 이름을 쓰세요.

2 빈칸에 들어갈 장군의 이름을 쓰세요.

장군은 행주산성에서 일본군과 싸울 준비를 했어요.

3 글을 읽으면서 알맞은 말에 ○ 하세요.

여자들은 일본군에게 던질 (돌 / 병)을 (가방 / 치마)에 담아 날랐어요.

4 행주 대첩에 대한 설명으로 맞으면 ○, 틀리면 ✕ 하세요.

(1) 권율 장군의 지휘 아래 군사들은 화살과 화포를 쏘았다. 　　　 (　　)

(2) 일본군은 물러갔다 다시 공격해 오기를 되풀이했다. 　　　 (　　)

(3) 성안의 여자들은 위험해서 집에 꼭꼭 숨어 있었다. 　　　 (　　)

(4) 군사들과 백성들이 힘을 합쳐 싸워 승리했다. 　　　 (　　)

역사용어

순찰사 조선 시대 때 도의 군사 관련 일을 맡아보던 벼슬.
권율 조선 선조 때의 장군으로, 임진왜란 때 행주 대첩을 승리로 이끎.

임진왜란이 남긴 것

1598년, 길고 길었던 7년 동안의 임진왜란이 끝이 났어요.

임진왜란으로 조선은 큰 피해를 입었어요. 농사지을 땅이 황폐해져 먹을 것이 부족하고 나라 살림이 어려워졌어요. 전쟁으로 많은 사람이 죽거나 다쳤고, 수많은 사람이 일본에 끌려갔어요. 굶주림과 전염병으로도 많은 사람이 죽었어요. 또 궁궐과 종묘, 불국사 같은 수많은 문화재가 불에 탔고, 도자기와 서적, 불상 등을 일본군에게 빼앗겼어요.

일본은 조선의 도공*과 인쇄 기술자를 많이 끌고 가 일본의 도자기와 인쇄술을 크게 발전시켰어요. 또 이황의 학문이 전해져 유학이 발달했어요. 한편 임진왜란을 일으킨 도요토미 히데요시가 죽고 도쿠가와 이에야스가 새롭게 권력을 잡았어요.

명나라는 조선을 돕기 위해 군사를 보내면서 나라 사정이 안 좋아졌어요. 이 틈을 타서 여진이 후금*을 세워 명나라를 공격했어요. 농민들도 여기저기서 반란을 일으켰어요. 명나라는 큰 혼란에 빠졌지요.

1592년	1598년 8월	1598년 11월
임진왜란이 일어남.	도요토미 히데요시가 세상을 떠남.	노량 해전, 임진왜란이 끝남.

🛶 읽은 것 확인하기

1 임진왜란이 몇 년 동안 이어졌는지 빈칸에 알맞은 숫자를 쓰세요.

　　　　 년 동안의 임진왜란이 끝이 났어요.

2 임진왜란이 끝난 뒤 조선의 모습으로 맞는 것을 모두 고르세요.

① 전쟁으로 나무가 사라져 농사지을 땅이 넘쳐 났어요.
② 나라 살림이 좋아져 백성에게 세금을 거두지 않았어요.
③ 수많은 사람이 죽거나 다치고, 일본에 끌려갔어요.
④ 궁궐과 종묘, 불국사 등 수많은 문화재가 불에 탔어요.

3 빈칸에 들어갈 사람을 〈보기〉에서 찾아 번호를 쓰세요.

보기　　① 도쿠가와 이에야스　　② 도요토미 히데요시

• 일본에서는 임진왜란을 일으킨 (　　　　)가 죽고 (　　　　)가 권력을 잡았어요.

4 임진왜란이 끝난 뒤 어느 나라의 모습인지 알맞은 나라를 찾아 줄로 이으세요.

후금으로부터 공격받고, 농민들이
여기저기서 반란을 일으켰어요.　•

•　명나라

도자기와 인쇄술을
크게 발전시켰어요.　•

•　일본

🚩 역사용어

도공 도자기나 옹기를 만드는 사람.
후금 1616년 누르하치가 여진족을 통일하고 세운 나라.

허준의 《동의보감》

임진왜란으로 수많은 백성이 다치거나 병들었어요. 그러나 대부분의 백성들은 제대로 약 한번 써 보지 못하고 죽어 갔어요. 약재의 대부분은 명나라에서 들여온 것이라 값이 비쌌어요. 또 의학책도 중국 사람이 쓴 것이라 조선에서 나는 나무와 풀로 약재를 만들 수도 없었어요.

선조는 어의* 허준에게 새로운 의학책을 만들라고 명령했어요. 허준은 의학책을 만들기 위해 자료를 모았어요. 그러던 중 선조가 병이 들어 세상을 떠났어요. 이 일로 임금의 건강을 돌보는 어의였던 허준은 의주로 귀양을 가게 되었어요.

귀양을 간 허준은 의학책 만드는 일에 자신의 모든 것을 쏟아 붓기로 마음먹고 밤낮을 가리지 않고 열심히 책을 썼어요. 마침내 1610년, 허준은 《동의보감》 25권을 완성했어요.

《동의보감》은 조선 사람들에게 딱 맞는 새로운 의학책이었어요. 수많은 병의 원인과 증상, 치료 방법, 약재 등이 찾아보기 쉽게 잘 정리되어 있어요.

허준이 지은 《동의보감》은 우리나라뿐 아니라 일본, 중국까지 널리 알려졌어요.

《동의보감》을 지은 허준

1608년	1610년	1615년
광해군이 왕위에 오름.	허준이 《동의보감》을 완성함.	허준이 세상을 떠남.

읽은 것 확인하기

1 《동의보감》을 만들기 전 조선의 상황으로 맞는 것을 모두 고르세요.

　① 임진왜란으로 수많은 백성이 다치거나 병들었어요.

　② 조선에서 나는 나무와 풀로 약재를 만들 수 있었어요.

　③ 의학책은 중국 사람이 쓴 것뿐이었어요.

　④ 명나라에서 들여온 약재가 대부분이어서 값이 비쌌어요.

2 빈칸에 들어갈 사람의 이름을 〈보기〉에서 찾아 쓰세요.

　보기
　허준
　선조

　　　　　　　는 어의　　　　　　　에게

　새로운 의학책을 만들라고 명령했어요.

3 허준이 1610년에 완성한 의학책의 이름을 쓰세요.

4 《동의보감》에 대한 설명으로 맞으면 ○, 틀리면 ✕ 하세요.

　⑴ 병의 원인과 증상, 치료 방법, 약재 등이 잘 정리되어 있다. 　　(　　　)

　⑵ 모두 25권으로 되어 있다. 　　(　　　)

　⑶ 조선뿐 아니라 중국까지 널리 알려졌다. 　　(　　　)

　⑷ 선조 때 완성했다. 　　(　　　)

역사 용어

　어의 궁궐에서 임금이나 왕의 가족의 병을 치료하던 의원. 허준은 선조와 광해군의 어의였음.

광해군의 중립 외교

임진왜란이 끝난 뒤 선조가 죽고 광해군이 왕이 되었어요.

이 무렵 명나라는 여진족이 세운 후금이 쳐들어와 어려움에 빠졌어요. 명나라는 조선에 군사를 보내 달라고 했어요.

광해군은 나날이 세력이 커 가는 후금을 적으로 만들고 싶지 않았어요. 그렇다고 임진왜란 때 군사를 보내 도와준 명나라를 모른 척할 수도 없었지요. 신하들은 명나라를 도와야 한다고 했어요.

광해군은 어쩔 수 없이 명나라에 군사를 보냈어요. 하지만 강홍립* 장군을 불러 싸움이 불리해지면 후금에 항복하라고 했어요.

강홍립 장군은 후금에 항복한 뒤 광해군의 뜻을 전했어요. 조선은 명나라의 요청으로 어쩔 수 없이 군사를 보냈지만 후금과 잘 지내고 싶다는 것이었지요. 이 말을 들은 후금은 조선과 좋은 관계로 지내려 했고, 침략하지 않았어요.

광해군은 명나라와 후금 사이에서 조선에게 더 도움이 되는 쪽으로 중립 외교*를 펼치고자 했어요. 하지만 명나라를 섬기던 신하들의 반대에 부딪쳐 뜻을 펼치지 못하고 왕의 자리에서 쫓겨났어요.

경기도 남양주시에 있는
광해군과 문성군부인 유씨의 묘

1608년	1610년	1623년	1627년
광해군이 왕위에 오름.	허준이 《동의보감》을 완성함.	광해군이 왕위에서 쫓겨남.	정묘호란

읽은 것 확인하기

1 빈칸에 들어갈 나라 이름을 〈보기〉에서 찾아 번호를 쓰세요.

> 보기 ① 조선 ② 후금 ③ 명나라

- (　　　)는 여진족이 세운 (　　　)이 쳐들어와 어려움에 빠지자
  (　　　)에 군사를 보내 달라고 했어요.

2 신하들이 명나라를 도와야 한다고 주장한 이유로 알맞은 것에 ○ 하세요.

명나라가 임진왜란 때
조선을 도와주었기 때문이에요.

명나라가 후금보다
힘이 세기 때문이에요.

3 글을 읽으면서 알맞은 말에 ○ 하세요.

광해군은 어쩔 수 없이 명나라에 군사를 (보냈어요 / 보내지 않았어요).

4 광해군의 외교 정책에 대한 설명으로 맞으면 ○, 틀리면 × 하세요.

(1) 명나라를 돕는 한편 후금과 적이 되지 않는 것이었다. 　　(　　)
(2) 조선에게 더 도움이 되는 쪽으로 외교를 펼쳤다. 　　(　　)
(3) 신하들이 모두 광해군의 뜻에 찬성했다. 　　(　　)
(4) 광해군의 중립 외교 덕분에 후금은 조선을 침략하지 않았다. 　　(　　)

역사 용어

강홍립 조선의 무신으로, 광해군에게 지시를 받고 후금에 항복한 뒤 조선의 입장을 전함.
중립 외교 한 나라에 치우치지 않고, 다른 나라와 정치, 경제, 문화적인 관계를 맺는 일.

병자호란이 일어났어요

광해군을 몰아내고 새롭게 왕이 된 인조[*]는 후금을 오랑캐 나라라며 무시했어요.

그 사이 후금은 나라 이름을 '청'으로 바꾸고, 조선에 청나라의 신하 나라가 되라고 했어요. 조선이 청나라의 말을 듣지 않자, 1636년 청나라 황제가 직접 군대를 이끌고 쳐들어왔어요. 이 전쟁이 '병자호란'이에요.

인조는 세자들과 왕족을 강화도로 보내고 자신은 남한산성[*]으로 피했어요. 청나라군은 어렵지 않게 한양을 차지하고, 인조가 있는 남한산성을 둘러쌌어요.

인조는 군대를 여러 부대로 나누어 성을 지키게 했어요. 하지만 시간이 지나자 성안에는 식량이 부족해 병사들이 배고픔과 추위에 떨었어요. 또 신하들은 청나라와 끝까지 싸울 것을 주장하는 쪽과 싸움을 멈추고 화해할 것을 주장하는 쪽으로 갈라져 싸웠어요.

그러던 중 강화도가 청나라군의 손에 넘어가 세자와 왕족이 붙잡혔어요. 인조는 더 이상 버틸 수 없게 되었어요.

남한산성 수어장대

1623년	1636년	1637년
인조가 왕위에 오름.	병자호란	인조가 삼전도에서 청에 항복함.

1 무슨 전쟁에 대한 설명인지 빈칸에 알맞은 말을 쓰세요.

_____은 나라 이름을 _____으로 바꾼
후금이 1636년 조선에 쳐들어온 전쟁이에요.

2 청나라가 쳐들어오자 인조와 왕족은 어디로 피했는지 〈보기〉에서 찾아 쓰세요.

보기
남한산성
강화도

• 세자와 왕족은 [   ](으)로 피하고,

인조는 [   ](으)로 피했어요.

3 병자호란 때 남한산성의 사정으로 맞는 것을 모두 고르세요.

① 성안에는 병사들이 먹을 식량이 넉넉했어요.
② 신하들이 두 편으로 갈라져 싸웠어요.
③ 인조는 성안에서 걱정 없이 지냈어요.
④ 병사들은 배고픔과 추위에 떨었어요.

4 남한산성에서 두 쪽으로 갈라진 신하들의 주장이 무엇인지 쓰세요.

• 청나라와 끝까지 _____.

• 청나라와 싸움을 멈추고 _____.

🚩 역사용어

인조 조선의 제16대 왕으로, 광해군을 몰아내고 왕이 되어 후금을 멀리하는 외교를 함.
남한산성 경기도 광주시에 있으며, 꼭대기에 수어장대가 있음.

삼전도에서 무릎을 꿇은 인조

　1637년 1월 30일, 살을 에는 듯한 찬바람을 맞으며 인조가 남한 산성을 나섰어요. 인조는 임금 옷을 벗고, 푸른색 옷을 입었지요. 인조는 청나라 태종이 기다리는 삼전도[*]로 향했어요.

　청나라 태종은 황금색 장막이 드리워진 높은 단상 위에 앉아 인조를 내려다보았어요. 인조는 두 나라 신하들이 지켜보는 가운데 청나라 태종 앞으로 나아가 항복 문서를 올렸어요. 그리고 세 번 절을 하고, 절을 한 번 할 때마다 세 번씩 머리를 조아렸어요. 인조의 이마에서는 피가 흘러내렸고, 이 모습에 조선의 신하들은 흐느꼈어요. 역사상 가장 치욕스러운 항복이었지요. 병자호란은 이렇게 끝이 났어요.

　전쟁이 끝난 뒤 조선은 신하의 나라가 되어 청나라를 섬겨야 했어요. 해마다 청나라에 엄청난 재물을 바치고 사신을 보냈어요. 또 소현 세자[*], 봉림 대군[*]을 비롯해 수많은 조선 사람들이 포로로 청나라에 끌려갔어요.

인조가 청나라에 항복한
내용을 기록한 삼전도비

1623년
인조가 왕위에 오름.

1636년
병자호란

1637년
인조가 삼전도에서
청에 항복함.

읽은 것 확인하기

1 인조가 어디에서 청나라 황제에게 항복했는지 빈칸에 알맞은 말을 쓰세요.

> 인조는 청나라에 항복하기 위해 푸른색 옷을 입고
>
> 남한산성에서 나와 [   ] 로 향했어요.

2 글을 읽으면서 알맞은 말에 ○ 하세요.

> 청나라 (태종 / 영종)은 높은 단상 위에 앉아 인조를 내려다보며
> 항복 문서를 받았어요.

3 인조가 삼전도에서 청나라 황제에게 어떻게 하였는지 빈칸에 알맞은 숫자를 쓰세요.

> 인조는 _____ 번 절을 하고 절을 한 번 할 때마다
>
> _____ 번씩 머리를 조아렸어요.

4 병자호란이 끝난 뒤 조선의 모습으로 맞는 것을 모두 고르세요.

① 조선은 신하의 나라가 되어 청나라를 섬겨야 했어요.
② 조선은 청나라의 도움으로 평화롭게 지낼 수 있었어요.
③ 조선은 해마다 청나라에 많은 재물을 바치고 사신을 보냈어요.
④ 소현 세자, 봉림 대군 등 많은 조선 사람이 포로로 청나라에 끌려갔어요.

역사 용어

삼전도 조선 시대 서울과 남한산성을 이어 주던 나루로, 지금의 송파동에 있음.
소현 세자 인조의 맏아들로, 청나라에서 서양 화포, 천문학책, 지구의 등의 새로운 물건들을 가지고 조선에 돌아왔으나 알 수 없는 이유로 세상을 떠남.
봉림 대군 인조의 둘째 아들로, 소현 세자가 죽자 조선의 제17대 왕인 효종이 됨.

북벌을 이루지 못한 효종

인조의 뒤를 이어 효종이 왕이 되었어요. 효종은 병자호란 때의 치욕과 청나라에 포로로 끌려간 일을 잊을 수 없었어요.

"군사의 힘을 키워 반드시 청나라를 공격할 것이다!"

효종은 청나라를 공격하는 북벌*을 결심했어요. 효종은 북벌을 하기 위해 군사를 모아 훈련을 시켰어요. 또 조총을 더 좋게 만들고, 무너진 성도 다시 쌓았지요.

그러던 중 청나라가 러시아와 전쟁을 하게 되었어요. 청나라는 조선에 군사를 보내 줄 것을 요청했어요. 아직은 청나라를 공격할 때가 아니라고 생각한 효종은 군사를 보냈어요. 조선군은 러시아와 싸워 이기고 돌아왔어요. 이것이 '나선* 정벌'이에요.

나선 정벌로 자신감을 갖게 된 효종은 북벌 준비에 온 힘을 쏟았어요. 그러다 보니 나라 살림이 어려워졌어요. 살기 어려워진 백성들은 도적이 되기도 했어요. 이런 상황에서 북벌을 하는 것은 쉽지 않았지요.

결국 효종은 북벌을 이루지 못하고 세상을 떠났어요.

효종과 부인 인선왕후 능에 세워진 영릉비

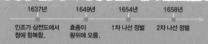

1637년 | 1649년 | 1654년 | 1658년
인조가 삼전도에서 청에 항복함. | 효종이 왕위에 오름. | 1차 나선 정벌 | 2차 나선 정벌

읽은 것 확인하기

1 효종이 군사의 힘을 키워 어느 나라를 공격하려 했는지 쓰세요.

2 효종이 북벌을 위해 한 일을 모두 고르세요.

　① 군사를 모아 훈련을 시켰어요.
　② 조총을 더 좋게 만들었어요.
　③ 굶주린 백성들에게 곡식을 나누어 주었어요.
　④ 무너진 성을 다시 쌓았어요.

3 글을 읽으면서 알맞은 말에 ○ 하고, 무엇에 대한 설명인지 빠진 글자를 쓰세요.

> 청나라의 요청으로 군사를 보낸 조선군이
>
> (명나라 / 러시아)와 싸워 이긴 일이에요.

정 벌

4 효종의 북벌은 결국 어떻게 되었는지 알맞은 것에 ○ 하세요.

효종은 북벌을 이루어
조선의 치욕을 갚았어요.

효종은 북벌을 이루지
못하고 세상을 떠났어요.

🚩 역사용어

북벌 무력으로 북쪽 지방을 공격하는 일.
나선 러시아를 가리키는 말.

8~9쪽 [조][선] 이성계의 위화도 회군

1 **요동**으로 가던 이성계가 **위화도**에서 군대를 돌려 반란을 일으킨 사건이에요.

2 (순서대로) 이성계, 우왕과 최영

3 신진 사대부

4 ①, ②, ④

도움말

1388년 명나라가 고려의 철령 이북의 땅을 내놓으라고 했어요. 이에 우왕과 최영은 요동 정벌을 명령했지만 이성계는 반대했어요. 결국 이성계는 위화도에서 왕의 명령을 어기고 군대를 돌렸지요.

10~11쪽 [조][선] 정몽주의 죽음과 조선의 건국

1 (순서대로) 온건 개혁파, 급진 개혁파

2 고려 왕조에 충성하겠다는 자신의 생각

3 선죽교, 정몽주

4 급진 개혁파들은 **이성계**를 왕으로 세우고, 새로운 나라 **조선**을 세웠어요.

도움말

정몽주는 학식이 높고 강직한 성품으로 많은 사람들의 존경을 받고 있었어요. 그렇다 보니 급진 개혁파는 정몽주를 설득하려고 했고, 설득하지 못하면 그가 큰 방해가 된다고 생각했어요.

12~13쪽 [조][선] 조선의 기틀을 마련한 정도전

1 정도전

2 유교

3 《삼봉집》

4 (1) 〇, (2) ✕, (3) ✕, (4) 〇

도움말

정도전은 조선을 세우고 한양을 설계하는 데 큰 역할을 했어요. 삼봉은 정도전의 호로, 《삼봉집》에는 조선을 세우는 데 기본이 된 통치 이념이 담겨 있어요.

14~15쪽 [조][선] 조선의 새로운 도읍을 찾아라!

1 ②

2 (순서대로) 계룡산, 무악 남쪽

3 ②, ④

4 1394년, 태조 이성계는 **개경**에서 **한양**으로 도읍을 옮겼어요.

도움말

이성계는 개경은 옛 왕조인 고려의 도읍지이고, 풍수지리적으로 보았을 때 땅의 기운이 다해 새 나라의 도읍지로는 맞지 않다고 생각했어요. 이성계는 흩어져 있는 백성들의 마음을 모으기 위해 새로운 도읍지가 필요했어요.

조 선 새로운 도읍의 모습을 갖춰 가는 한양

1 ②

2 ②, ①, ①, ②

3 경복궁

4 숭례문, 흥인지문, 돈의문, 숙정문

도움말

서울에 남아 있는 한양의 문화유산 가운데 종묘와 창덕궁 등이 유네스코 세계 유산에 등재되었어요.

조 선 왕의 힘을 키운 태종

1 ①, ②

2 호패

3 (1) ○, (2) ×, (3) ○, (4) ×

4 평안도, 함길도, 황해도, 강원도, 경기도, 충청도, 전라도, 경상도

도움말

전국 8도의 이름은 주요 고을의 머리글자를 땄어요. 함길도는 함흥과 길주, 평안도는 평양과 안주, 황해도는 황주와 해주, 강원도는 강릉과 원주, 충청도는 충주와 청주, 경상도는 경주와 상주, 전라도는 전주와 나주의 머리글자예요. 경기도는 왕이 사는 도읍의 주변 지역을 뜻해요.

조 선 조선의 교육 기관

1 서**당**, **향**교, 성**균관**

2 (1) ×, (2) ○, (3) ×, (4) ○

3 향교에서는 **유교** 경전을 배우며 유학자들에게 **제사**를 지냈어요.

4 성균관

도움말

《천자문》은 1000개의 한자로 이루어진 한문 학습을 위한 책이었어요. 8세 정도의 학생들에게는 《소학》이나 《사자소학》을 가르쳤어요. 일상생활의 예의범절, 격언과 충신, 효자의 일들이 담겨 있어요.

조 선 조선의 과거 제도

1 과거

2 조선 시대 과거에는 문관을 뽑는 **문과**, 무관을 뽑는 **무과**, 기술관을 뽑는 **잡과**가 있었어요.

3 ③, ④

4 중인, 기술관

도움말

유교 경전에 관한 지식을 평가하는 과거를 통해 왕에게 충성하는 신하를 뽑을 수 있었어요. 따라서 과거 제도는 왕의 권력을 강화하는 역할을 했어요.

조 선 조선과 주변 나라와의 관계

1 (순서대로) 사대, 교린, 교린

2 (1) 사대: **큰 나라를 섬긴다.**

(2) 교린: **이웃 나라와 사귄다.**

3 이종무

4 ①, ④, ②, ③

도움말

조선과 명나라는 정기적으로 사신이 오가며 문화적으로 교류했어요. 조선은 명나라에 모시, 화문석, 인삼 등을 보냈고, 명나라는 조선에 비단, 도자기, 서적, 약재 등을 보냈어요.

조 선 백성을 사랑한 왕, 세종

1 집현전

2 《**농사직설**》에는 우리나라에 맞는 **농사법**이 자세히 정리되어 있어요.

3 측우기, 간의, 혼천의

4 (1) ○, (2) ✕, (3) ✕, (4) ○

도움말

조선의 사정에 잘 맞는 농사법이 자세히 소개된 《농사직설》은 한문으로 쓰여졌어요. 세종은 《농사직설》을 지방을 다스리는 수령에게 나누어 주고, 농사 짓는 방법을 지도하도록 했어요.

조 선 백성을 가르치는 바른 소리, 훈민정음

1 한자

2 **백성**을 가르치는 바른 **소리.**

3 훈민정음은 누구나 **배우기** 쉬워요.

훈민정음은 거의 모든 **소리**를 적을 수 있어요.

4 ①, ②

도움말

훈민정음은 세종이 만든 글자이고, 1446년 펴낸 책 이름이기도 해요. 《훈민정음》에는 한글을 창제한 목적과 세종이 쓴 서문, 한글을 만든 원리와 해례 등이 자세히 설명되어 있어요. 이 책은 유네스코 세계 기록 유산으로 등재되었어요.

조 선 과학 기술이 눈부시게 발전했어요

1 장영실, 이천, 이순지

2 해시계: **앙부일구**

자동 물시계: **자격루**

3 측우기

4 ①, ④

도움말

자격루는 1434년 장영실을 비롯한 몇몇 학자가 만든 자동 물시계예요. 일정한 시간이 되면 저절로 종, 북, 징을 쳐 시간을 알렸어요. 현재 남아 있는 자격루는 중종 때 만든 자격루예요.

조 선 **왕의 자리를 빼앗은 수양 대군**

1 세종, **문종**, **단종**, 세조
2 수양 대군
3 ①, ②, ①
4 (1) ✕, (2) ✕, (3) ◯, (4) ◯

> **도움말**
>
> 세조를 몰아내고, 단종을 다시 왕의 자리로 앉히려다 죽임을 당한 성삼문, 박팽년, 유응부, 이개, 하위지 등을 사육신이라고 해요. 세조 아래에서 관직 생활하는 것을 거부하고 단종에게 충성한 김시습, 원호, 남효온 등을 생육신이라고 해요.

조 선 **조선 최고의 법전, 《경국대전》**

1 《경국대전》
2 (순서대로) 호전, 예전, 형전
3 남자는 **15**세, 여자는 **14**세에 혼인할 수 있다.
  사형을 받을 죄인은 **3**번 재판을 받아야 한다.
4 ②

> **도움말**
>
> 《경국대전》의 완성은 조선이 왕 한 사람의 뜻대로 움직이는 나라가 아니라 법에 따라 다스리는 나라임을 의미해요. 중앙 행정 조직인 이조, 호조, 예조, 병조, 형조, 공조의 6조 체제에 맞추어 6전으로 구성된 것이에요.

조 선 **유교의 예절을 따른 관혼상제**

1 관혼상제
2 ①, ③, ④, ②
3 15~20세가 되면 남자는 **상투**를 올리고 갓을 썼어요.
4 삼년상

> **도움말**
>
> 유교의 가르침 중에서 가장 중요하게 여긴 것이 관혼상제였어요. 나라에서는 백성들에게 관혼상제의 예절을 따르게 했어요. 관혼상제를 중요하게 생각하는 것은 오늘날까지 전해지고 있어요. 하지만 형식은 오늘날의 생활 모습에 맞추어 변화되었어요.

조 선 **조선의 신분 제도**

1 양반, 중인, 상민, 천민
2 ②, ③, ④
3 있었어요
4 (1) ◯, (2) ◯, (3) ✕, (4) ✕

> **도움말**
>
> 조선은 신분을 크게 양인과 천민으로 구분하는 양천제였어요. 양인은 다시 양반, 중인, 상민으로 나누어졌지요. 신분과 계층에 따라 입는 옷, 먹는 음식, 사는 집이 달랐어요.

조선 조선의 양반은 어떻게 생활했을까요?

1 양반이 관복을 입을 때 신는 신발: **화**

　양반이 외출할 때 머리에 쓰는 것: **갓**

2 ①, ②

3 (순서대로) 행랑채, 사랑채, 안채

4 상민

> 도움말
>
> 양반은 관리가 되어 나랏일을 하는 가장 높은 신분이에요. 양반들은 대부분 땅과 노비를 가지고 있었는데, 직접 농사를 짓지 않고 노비에게 일을 시켰어요. 그리고 양반 남자는 글공부를 하여 과거 시험을 보았어요.

조선 풍년을 바라며 함께 즐긴 민속놀이

1 줄다리기

2 (1) 고싸움놀이, (2) 다리밟기

3 강강술래는 **추석** 때 **전라도** 지방에서 여성들이 하던 놀이예요.

4 (1) ✕, (2) ◯, (3) ◯, (4) ✕

> 도움말
>
> 민속놀이는 양반보다는 상민들을 중심으로 이루어졌고, 사람들 사이를 화목하게 이어 주고 힘을 모으는 역할을 했어요.

조선 조광조와 기묘사화

1 연산군, 중종

2 조광조

3 4, 2, 3, 1

4 중종 때 가짜 공신들의 땅을 빼앗자고 주장한 조광조를 비롯한 수많은 선비들이 목숨을 잃거나 벌을 받은 **기묘사화**가 일어났어요.

> 도움말
>
> 조광조는 가짜 공신을 가려내 관직, 토지, 노비 등을 모두 빼앗아야 한다고 중종에게 건의했어요. 결국 76명의 가짜 공신이 가려져 관직과 노비 등을 빼앗겼어요. 이 일로 조광조는 반대 세력에게 모함을 받게 되었어요.

조선 임진왜란이 일어났어요

1 임진왜란

2 ②, ③, ①

3 ①, ③, ④

4 명나라

> 도움말
>
> 일본은 도요토미 히데요시가 통일한 뒤 나라 안에 불만이 많았어요. 이런 불만을 잠재우고, 지방 세력의 관심을 밖으로 돌리는 한편, 명나라와 조선의 땅을 빼앗아 영토를 넓히기 위해 전쟁을 일으켰어요.

조 선 **이순신과 한산도 대첩**

1 이순신

2 당포, 사천, 한산도, 옥포

이순신은 **옥포** 앞바다에서 일본에 첫 승리를 거두었어요.

3 학익진은 마치 **학**이 **날개**를 펼친 듯 적을 둘러싼 뒤 공격하는 방법이에요.

4 북쪽의 군사들에게 무기와 식량을 보내려던 일본의 계획이 무너졌어요.

(도움말)
이순신은 섬이 많아 바닷길이 복잡하고 물살이 빠른 남해의 특징을 이용했어요. 또 판옥선과 거북선의 특징에 맞는 전술로 큰 승리를 거두었어요.

조 선 **조선 최고의 군함, 거북선**

1 (1) 판옥선, (2) 거북선

2 ①, ②

3 (순서대로) 적이 배에 기어오를 수 없게 해요, 적의 기세를 꺾고 물길을 갈라요.

4 빠르게 달려가 적의 배를 들이받아서 침몰시켜요.

(도움말)
현재 남아 있는 거북선이 없어 거북선에 대해 정확히 알 수 없어요. 하지만 1795년 정조 때 간행된 《이충무공전서》에 '전라좌수영 거북선'과 '통제영 거북선'의 그림이 그려져 있고, 부분적인 치수도 기록되어 있지요. 이것으로 추측해 볼 수 있어요.

조 선 **홍의 장군 곽재우**

1 곽재우

2 ①, ②, ④

3 진주성, 김시민

4 곽재우는 붉은 옷을 입고 싸워서 **홍의 장군**이라고 불렸어요.

(도움말)
전국 각지에서 의병이 일어났어요. 경상도에서는 정인홍, 곽재우 등이, 전라도에서는 김천일, 김덕령, 고경명 등이, 충청도에서는 조헌, 황해도에서는 이정암, 함경도에서는 정문부가 의병을 이끌며 일본군을 무찔렀어요.

조 선 **행주 대첩과 권율 장군**

1 행주산성
2 **권율** 장군은 행주산성에서 일본군과 싸울 준비를 했어요.
3 돌, 치마
4 (1) ○, (2) ○, (3) ✕, (4) ○

도움말

행주 대첩은 진주 대첩, 한산도 대첩과 더불어 임진왜란의 3대 대첩으로 손꼽혀요. 행주 대첩은 조선군과 백성이 하나가 되어 승리를 거둔 데에 큰 의미가 있어요.

조 선 **임진왜란이 남긴 것**

1 7년 동안의 임진왜란이 끝이 났어요.
2 ③, ④
3 ②, ①
4 (순서대로) 명나라, 일본

도움말

임진왜란이 끝난 뒤 일본은 조선에 여러 차례 사신을 보내 다시 국교를 맺자고 요청했어요. 조선 조정에서는 사명대사를 보내 조선인 포로 3,000여 명을 데려온 뒤 사신을 보내고, 다시 국교를 맺었어요.

조 선 **허준의 《동의보감》**

1 ①, ③, ④
2 **선조**는 어의 **허준**에게 새로운 의학책을 만들라고 명령했어요.
3 《동의보감》
4 (1) ○, (2) ○, (3) ○, (4) ✕

도움말

《동의보감》은 허준이 1610년에 완성했지만, 임진왜란을 겪고 난 뒤라 나라 사정이 어려워 3년이 지난 1613년에 인쇄되어 책으로 나왔어요. 《동의보감》은 가치를 인정받아 2009년 유네스코 세계 기록 유산으로 등재되었어요.

조 선 **광해군의 중립 외교**

1 ③, ②, ①
2 명나라가 임진왜란 때 조선을 도와주었기 때문이에요.
3 보냈어요
4 (1) ○, (2) ○, (3) ✕, (4) ○

도움말

광해군은 실리를 중요하게 생각했어요. 임진왜란이 끝난 뒤 일본과 좋은 관계를 맺어 전쟁의 위협에서 벗어났어요. 또 명나라와 후금 사이에서는 무조건 명나라를 돕기보다는 사신과 첩자를 보내 두 나라의 사정을 알아보며 적절하게 외교 정책을 펴 나갔어요.

조 선 **병자호란이 일어났어요**

1 **병자호란**은 나라 이름을 **청**으로 바꾼 후금이 1636년 조선에
　쳐들어온 전쟁이에요.

2 세자와 왕족은 **강화도**로 피하고, 인조는 **남한산성**으로 피했어요.

3 ②, ④

4 청나라와 끝까지 **싸워야 한다**.
　청나라와 싸움을 멈추고 **화해해야 한다**.

도움말

남한산성은 경기도 광주에 위치한 산성으로, 성안
에는 왕이 머무르던 행궁이 있고, 수십 개의 우물과
샘도 있어요. 군사들을 지휘하고 적의 움직임을 살
피던 누각인 수어장대도 있어요.

조 선 **삼전도에서 무릎을 꿇은 인조**

1 인조는 청나라에 항복하기 위해 푸른옷을 입고
　남한산성에서 나와 **삼전도**로 향했어요.

2 태종

3 인조는 **3**번 절을 하고 절을 한 번 할 때마다 **3**번씩 머리를 조
　아렸어요.

4 ①, ③, ④

도움말

병자호란이 끝난 뒤 청나라의 태종은 조선이 청에
항복한 사실과 청의 업적을 칭송하는 비석을 세우
라고 명령했어요. 조선은 이런 내용을 새겨 삼전도
비를 세웠어요.

조 선 **북벌을 이루지 못한 효종**

1 청나라

2 ①, ②, ④

3 러시아, **나선** 정벌

4 효종은 북벌을 이루지 못하고 세상을 떠났어요.

도움말

효종은 인조의 둘째 아들로, 병자호란이 끝나고, 형
소현 세자와 청나라에 볼모로 끌려갔어요. 소현 세
자가 갑자기 병으로 죽자, 왕위에 올랐어요. 효종은
조선이 청에게 당한 만큼 되갚아 주고자 북벌을 결
심했어요.

찾아보기